中国城乡医疗卫生基本公共服务均等化区域差异研究

刘　慧　著

中国财经出版传媒集团

经济科学出版社
Economic Science Press

·北京·

图书在版编目（CIP）数据

中国城乡医疗卫生基本公共服务均等化区域差异研究／
刘慧著 . — 北京：经济科学出版社，2025.3. — ISBN
978-7-5218-6816-6

Ⅰ. R199. 2

中国国家版本馆 CIP 数据核字第 2025F3Y031 号

责任编辑：宋　涛
责任校对：易　超
责任印制：范　艳

中国城乡医疗卫生基本公共服务均等化区域差异研究

ZHONGGUO CHENGXIANG YILIAO WEISHENG JIBEN GONGGONG

FUWU JUNDENGHUA QUYU CHAYI YANJIU

刘　慧　著

经济科学出版社出版、发行　新华书店经销

社址：北京市海淀区阜成路甲 28 号　邮编：100142

总编部电话：010-88191217　发行部电话：010-88191522

网址：www. esp. com. cn

电子邮箱：esp@ esp. com. cn

天猫网店：经济科学出版社旗舰店

网址：http://jjkxcbs. tmall. com

北京季蜂印刷有限公司印装

710×1000　16 开　11 印张　150000 字

2025 年 3 月第 1 版　2025 年 3 月第 1 次印刷

ISBN 978-7-5218-6816-6　定价：68.00 元

（图书出现印装问题，本社负责调换。电话：010-88191545）

（版权所有　侵权必究　打击盗版　举报热线：010-88191661

QQ：2242791300　营销中心电话：010-88191537

电子邮箱：dbts@esp. com. cn）

前　　言

　　近年来，党和国家高度重视公共医疗卫生事业的发展，并将建设和完善均等的公共医疗卫生服务体系作为服务人民的重要着力点。当前，中国已全面建成小康社会，并历史性地解决了绝对贫困问题，而随着生活水平的提高，人民群众对医疗卫生公共服务的需求不断增加。与此同时，新型冠状病毒已经扩散至全球，公共卫生突发事件对人民健康造成了极大伤害，经济发展也遭到严重影响，疫情防控难度和医疗卫生救治资源挤兑程度远超预期，我国长期存在的城乡间医疗卫生基本公共服务供给不均等问题逐渐凸显。为此，2022年国家发展改革委联合多部门印发的《"十四五"公共服务规划》中明确提出，要加快城乡基本公共服务制度统筹，推动区域基本公共服务差距缩小，增加农村医疗公共服务供给，到2035年基本公共服务实现均等化。在此背景下，城乡医疗卫生基本公共服务均等化的推进工作被提到了前所未有的高度。鉴于此，本文将研究对象设定为城乡医疗卫生基本公共服务均等化，从区域的角度探讨东、中、西部三大区域城乡医疗卫生基本公共服务均等化水平的差异及收敛性。

　　本文通过对城乡、基本公共服务与基本公共服务均等化、医疗卫生基本公共服务与医疗卫生基本公共服务均等化等概念范围的界定，依据卫生公平理论、经典财政理论和医疗层级衔接理论，并结合我国城乡医疗卫生基本公共服务均等化现状和相关制度安排，对城乡医疗卫生基本公共服务均等化的相关概念、发展路径及终极目标进行了系统的理论分析。在此基础上，本文借助2012～2020年《中国城市统计年鉴》《国民经济与社会发展统计公报》《中国卫生统计年鉴》中的匹配数据，以中国265个地级市层面数据为样本，采用熵值法和 Kernel 密度估计法测度我国城乡医疗卫生基本公共服务均等化水平并描述其时空分布特征；然后利用 Dagum 基尼系数及其分解法从总体差异、区域内差异和区域间差异三个维度，系统考察我国东部、中部和西部地区城乡医疗卫生基本公共服务均等化的区域差异；最后利用 σ 收敛模型、Moran's I 指数、β 收敛模型等空间计量方法针对区域差异进行收敛性分析。在经过理论和实证分析后，本文研究发现：

第一，在均等化水平方面，中国城乡医疗卫生基本公共服务均等化水平依然较低。2012年至今，虽然中国城乡医疗卫生基本公共服务均等化程度在稳步提升，但是，全国及东、中、西部三大区域的城乡医疗卫生基本公共服务均等化水平均在0.1以下，这表明目前城市与农村之间的医疗卫生基本公共服务供给水平依然存在显著差距。从区域角度看，虽然东、中、西部三大区域的城乡医疗卫生基本公共服务均等化水平的绝对差异并不大，但东部地区和中部地区的城乡医疗卫生基本公共服务均等化水平始终高于全国平均水平，而西部地区的城乡医疗卫生基本公共服务均等化水平最低，且始终低于全国平均水平。

第二，在时空分布特征方面，近十年来中国城乡医疗卫生基本公共服务均等化水平不分区域全部呈现持续向好的态势，其中东部地区和西部地区的城乡医疗卫生基本公共服务均等化水平改善最为明显。但是，在2012~2016年间，全国、东部地区和西部地区城乡医疗卫生基本公共服务均等化水平的绝对差异却呈现持续扩大的趋势，仅中部地区城乡医疗卫生基本公共服务均等化水平的绝对差异在该期间内持续缩小，此后便趋于稳定。另外，中国部分城市的城乡医疗卫生基本公共服务均等化水平显著高于全国平均水平。同时，中国城乡医疗卫生基本公共服务均等化水平并不存在两极或多极分化的趋势，其中全国、东部地区和西部地区的城乡医疗卫生基本公共服务均等化水平呈现分散化集聚特征，而中部地区的城乡医疗卫生基本公共服务均等化水平则主要表现为聚合性区域集聚特征。

第三，在省际演化趋势方面，不同省份的城乡医疗卫生基本公共服务均等化水平存在显著差异，但总体呈现波动上升的趋势。实证分析结果显示，2012～2020年间，中国不同省份城乡医疗卫生基本公共服务均等化水平的平均值为0.095，均值高于整体水平的省份有12个，其中河北、辽宁、山西、浙江和湖南排在前五位；均值低于整体水平的省份有11个，其中广西、江西、湖北、宁夏和甘肃排在后五位。值得注意的是，广东省的经济发展水平较高，而城乡医疗卫生基本公共服务均等化水平排名却相对靠后，这主要是由于广东省的城市医疗卫生基本公共服务明显优于其他省份，而农村医疗卫生基本公共服务却并未表现出类似的领先优势，造成其城乡医疗卫生基本公共服务均等化水平相对较低。

第四，在区域差异方面，中国城乡医疗卫生基本公共服务均等化的总体差异、区域内差异和区域间差距呈现出不同特点。首先，总体差异呈现"小幅递减——水平波动"两阶段变化趋势；其次，西部地区城乡医疗卫生基本公共服务均等化的区域内差异问题尤为突出，中部地区次之，东部地区区域内差异最小；最后，中部地区与西部地区间的差异最大，东部地区与西部地区间的差异次之，东部地区与中部地区间的差异最小。

第五，在均等化差异的来源及贡献方面，超变密度是中国城乡医疗卫生基本公共服务均等化差异的主要来源。通过对中国城乡医疗卫生基本公共服务均等化的区域差异来源及贡献分析可知，超变密度贡献最大，其贡献率均值高达61.18%，区域内差异次之，区域间差异贡献最低。

第六，在差异的收敛性方面，中国城乡医疗卫生基本公共服务均等化水平的地区差距随时间推移不断缩小。在不考虑影响因素的情况下，全国及东、中、西部三大区域的城乡医疗卫生基本公共服务均等化水平向各自稳态水平收敛；而在控制财政自主权、政府干预程度、经济发展水平和城镇化水平后，不同区域城乡医疗卫生基本公共服务均等化水平依然收敛于各自稳态的趋势，因此，收敛趋势真实存在。

第七，在差异形成的原因方面，国家相关政策变化与调整、基础性条件差异、医疗保障体系建设与发展和公共财政体制演进及改革都对中国城乡医疗卫生基本公共服务均等化的区域差异造成了不同程度的影响。其中，国家相关政策变化与调整的影响主要体现在从集中力量发展城市、集中力量发展东部沿海地区，到医疗卫生服务公益性回归，再到以人民为中心政策的变化带来的不同影响；基础性条件差异的影响则主要表现为区位条件、经济发展水平和地方政府决策三方面；医疗保障体系从初步建立到不断完善的过程也对中国城乡医疗卫生基本公共服务均等化区域差异造成了影响；公共财政体制演进及改革的影响则主要包括公共财政体制演进、分税制改革、"营改增"等系列改革措施以及基本医疗卫生转移支付制度四个方面。

与已有研究相比，本文的创新之处体现在以下三个方面。首先，本文从东部、中部和西部地区的区域新视角出发，利用 *Kernel* 密度估计法对城乡医疗卫生基本公共服务均等化水平的时空分布特征进行分析，又基于 *Dagum* 基尼系数及其分解法将区域差异分析拓宽至总体差异、区域内差异和区域间差异，摆脱现有文献仅对城乡之间差异进行研究的局限性，拓展了城乡医疗卫生基本公共服务均等化的研究范围，是对该领域研究的重要补充；其次，本文将研究对象指向基本公共服务体系的其中一部分——医疗卫生基本公共服务，通过空间计量经济模型针对其区域差异的收敛性展开具体研究，是对已有研究的有益补充；最后，本文研究发现造成城乡医疗卫生基本公共服务均等化差异的深层次原因是超变密度，即均等化水平较低地区中的均等化水平较高城市与均等化水平较高地区中的均等化水平较低城市之间的差距，上述研究发现对于缩小城乡医疗卫生基本公共服务的区域差异具有十分重要的现实意义。

需要说明的是：2022 年，作者与导师朱德云老师合作发表过一篇题为《中国城乡医疗卫生基本公共服务均等化的区域差异及收敛性研究》的论文，本书的主要内容就是在此论文基础上进一步丰富、扩展得来的。

目　　录

第1章 绪 论

1.1 选题背景及研究意义

1.1.1 选题背景

近年来，党和国家高度重视公共医疗卫生事业的发展，并将建设和完善均等的公共医疗卫生服务体系作为服务人民的重要着力点。当前，中国已全面建成小康社会，并历史性地解决了绝对贫困问题。随着生活水平的提高，人民群众对于医疗卫生公共服务的需求不断增加，城乡间医疗卫生基本公共服务供给不均等问题逐渐凸显。为此，2021年国家发展改革委联合多部门印发的《"十四五"公共服务规划》明确提出，要加快城乡基本公共服务制度统筹，推动区域基本公共服务缩小差距，增加农村医疗公共服务供给，到2035年基本公共服务实现均等化。在这种背景下，城乡医疗卫生基本公共服务均等化的推进工作被提到了前所未有的高度。学者们对此纷纷展开讨论，讨论的主要落脚点集中于医疗卫生基本公共服务均等化的城乡差距，少有学者针对城乡医疗卫生基本公共服务均等化的区域差距展开系统研究。在此背景下，本书从区域视角切入，对东部、中部和西部城乡医疗卫生基本公共服务均等化的区域差异进行细致研究，深入分析区域差距的来源及贡献，为政策制定者进行科学决策提供部分经验参考。

突发公共卫生事件对人民健康造成极大伤害，也对经济发展造成严重破坏。继 2003 年"非典"、2004 年"禽流感"和 2009 年甲型 H1N1 流感之后，2019 年年末，新型冠状病毒感染疫情在武汉市暴发。武汉市拥有国内先进的公共卫生系统、权威的病毒研究所和丰富的临床医疗卫生资源，但面对突如其来的疫情，依然存在大医院医疗资源挤兑、基层医疗资源极度匮乏等问题，出现"患者扎堆"现象，医疗卫生服务系统崩溃。对此，医学领域专家深入抗击新冠病毒前线指出，真正的核心问题是医疗资源配置不合理。武汉市应对新冠病毒过程中暴露出我国医疗卫生基本公共服务体系在疾病预防、发现、诊断和治疗等方面存在严重缺陷，具体表现为医疗卫生资源分配不均、医疗卫生服务发展不充分、地区间不平衡和医疗卫生服务水平受限等一系列问题。毫无疑问，我国的医疗卫生体制改革将会持续进行，而医疗卫生基本公共服务体系建设的宝贵经验对于未来医疗卫生体制改革和基本公共服务体系建设都具有深刻的借鉴意义。

值得反思的是，如果新冠疫情不是发生在医疗卫生条件好、城乡医疗卫生基本公共服务均等化水平较高的武汉市，而是发生在城乡医疗卫生基本公共服务均等化水平低的其他地区，那么疫情防控难度和医疗卫生服务系统崩溃的程度可能更加难以想象。医疗卫生资源的人口和地理分布不均衡会影响医疗卫生服务的可及性，从而使不同区域居民之间的健康状况存在差异。医疗卫生服务水平和经济发展水平落后的西部偏远地区和农村面临更大的风险和考验，生活在这些地区的人民群众的健康权如果得不到基本、有效的保证，则会衍生普遍性焦虑心态，从而出现非市场化人口流动，影响区域经济发展，加剧社会分化。而社会分化又会造成医疗卫生服务领域更大的不公平。以此循环往复，则会出现严重的"马太效应"，导致从"因病致贫"到"因贫返病"的恶性循环，引发更大的社会矛盾，从而影响社会稳定。因此，本书将研究目标设定为探讨城乡医疗卫生基本公共服务均等化的区域差异，尤其重点关注区域差异的收敛性，可以为当前正在稳步推进的医疗卫生体制改革和基本公共服务体系建设建言献策。

2003 年抗击"非典"结束以后，党和国家非常重视医疗卫生服务体系的建设和发展，并且已经取得明显成效，医疗卫生资源不断丰富，医疗卫生服务范围得以扩大，医疗服务结构和水平都有不同程度的改善。但是，城乡医疗卫生基本公共服务均等化水平依然较低；同时，受国家相关政策、基础性条件差异、基本医疗保障体系建设及公共财政体制演进及改革等因素影响，东部、中部和西部不同区域之间的城乡医疗卫生基本公共服务均等化水平存在较大差异。政府有效满足医疗卫生基本公共服务水平和经济发展水平落后地区及农村居民对医疗卫生基本公共服务的需求，优化配置医疗卫生基本公共服务资源，着力解决城乡医疗卫生基本公共服务均等化水平低以及区域差距大的问题，既是实现社会公平正义的基本要求，也是实现城乡统筹和区域协调发展的重要途径，更是实现共同富裕的必然要求。因此，本书运用 265 个地级市①层面的医疗卫生相关数据，科学测算中国城乡医疗卫生基本公共服务的均等化水平，在此基础上分析东部、中部和西部地区城乡医疗卫生基本公共服务均等化水平的区域差异及收敛性，以揭示城乡医疗卫生基本公共服务均等化的地区现状及发展趋势，为国家制定医疗卫生基本公共服务均等化政策，促进城乡医疗卫生基本公共服务均等化的区域协调发展和相关资源的公平、高效配置提供有价值的决策参考。

1.1.2 研究意义

生活水平的提高使人民群众对医疗卫生公共服务的需求不断增加，

---

① 由于北京、天津、上海、重庆四个直辖市行政区划均为市辖区，不存在市辖区以外的地区，因而不在本次研究范围内。同时，考虑城市医疗卫生领域数据的可获得性和连续性，将海南、青海、西藏、新疆 4 省份从城市样本中剔除。经过上述整理，本书最终获得内含 23 个省份 265 个地级市的医疗卫生相关数据。

与此同时，新冠疫情防控难度和医疗卫生救治资源挤兑程度，使中国医疗卫生基本公共服务地区不均衡问题逐渐凸显。近年来，虽然医疗卫生基本公共服务均等化程度在稳步提升，但目前仍需要格外关注城乡医疗卫生基本公共服务均等化的区域差异，以便更好地推动医疗卫生基本公共服务的地区协调发展。因此，本选题兼具较大的理论意义和现实意义。

1. 理论意义

第一，本书的研究可为城乡医疗卫生基本公共服务均等化提供新的研究视角。已有关于医疗卫生基本公共服务均等化的研究，大多仅将全国划分为城和乡两部分，分析视角过于单一，无法反映我国医疗卫生基本公共服务均等化推进程度的全貌。因此，本书将研究视角聚焦至区域，分别考察东部、中部和西部地区城乡医疗卫生基本公共服务均等化水平的差异及造成区域差异的主要来源，为医疗卫生基本公共服务均等化提供了新的研究方向，是对已有该领域研究的重要拓展和补充。

第二，本书的研究可以细化区域间城乡基本公共服务均等化的研究。在以往研究中，学界主要针对城乡基本公共服务均等化展开研究，但对其区域差异及收敛性问题的研究刚刚起步。本书将研究对象细化至基本公共服务体系的其中一个部分"医疗卫生基本公共服务"，从区域差异及收敛性角度对其展开详细分析，进一步增强了基本公共服务领域研究的针对性，可以更加全面地刻画基本公共服务均等化的整体实际情况。

第三，本书的研究揭示了我国城乡医疗卫生基本公共服务均等化存在区域差异的原因。通过对总体差距、区域内差距、区域间差距进行对比分析，笔者发现超变密度即均等化水平较低地区中的均等化水平较高城市和均等化水平较高地区中的均等化水平较低城市之间的差距是导致我国城乡医疗卫生基本公共服务均等化差异的主要原因。因此，以超变密度为突破口，探寻改善我国城乡医疗卫生基本公共服务均等化区域差异的路径，可以为实现医疗卫生基本公共服务均等化提供借鉴。

2. 现实意义

第一，本书的研究可以为医疗卫生政策制定提供医疗卫生基本公共服务方面的预期效果。通过对我国城乡医疗卫生基本公共服务均等化区域差异的收敛性进行分析，发现我国城乡医疗卫生基本公共服务均等化水平的地区差距随时间推移不断缩小；同时，不论是否控制影响因素，全国及东部、中部、西部三大区域城乡医疗卫生基本公共服务均等化水平，均向各自稳态水平收敛。尽管短期内这种收敛趋势并不明显，但未来发展趋势清晰可见，可以为政府部门后续制定医疗卫生政策以更快速、高效地缩小城乡医疗卫生基本公共服务的区域差异提供效果预期。

第二，本书的研究可以为政策之间的协调提供可借鉴的依据。针对中国城乡医疗卫生基本公共服务均等化区域差异的研究发现，超变密度是造成中国城乡医疗卫生基本公共服务均等化差异的主要来源。而超变密度则是由历史、经济、政治和社会等多元因素共同导致的。从这个角度而言，本书对中国城乡医疗卫生基本公共服务均等化区域差异的历史和现实原因进行分析，不仅可以验证相应政策的外溢作用，还有助于提出相互协调的经济、政治和社会政策，以缩小我国城乡医疗卫生基本公共服务存在的区域差异。

第三，本书的研究可以为我国城乡医疗卫生基本公共服务区域协调发展提供宝贵的意见和建议。随着突发公共卫生事件的不断出现，我国医疗卫生事业正面临前所未有的挑战。尽管这其中涉及多个层次的原因，但从发展的角度来看，提高医疗卫生基本公共服务水平无疑是解决这类问题的关键。因此，本书中关于我国城乡医疗卫生基本公共服务均等化水平，尤其是对城乡医疗卫生基本公共服务均等化的区域差异研究，可以为进一步推动我国医疗卫生基本公共服务事业发展、提高医疗卫生基本公共服务水平提供一定的经验支撑。

1.2 文 献 综 述

事实上，学者们较早已注意到基本公共服务及其均等化问题，基本公共服务的城乡差距和区域差距是基本公共服务非均等化的表现形式，因此，早期学界关注的重点主要集中于基本公共服务水平的城乡差距和区域差距的研究。同样地，基本公共服务体系的组成部分——医疗卫生基本公共服务，也存在城乡和区域差距。鉴于此，本书从医疗卫生基本公共服务均等化、城乡医疗卫生基本公共服务均等化、基本公共服务均等化的区域差异三个方面，对已有相关文献进行梳理、归纳和总结。

1.2.1 医疗卫生基本公共服务均等化相关研究

1. 医疗卫生基本公共服务均等化与基本公共卫生公平

我国的医疗卫生基本公共服务均等化与国外的基本公共卫生公平都是用来保障人民群众机会均等享有基本健康权的。

西方学者对基本公共卫生公平的研究开始较早。早在1952年，美国耶鲁大学教授温斯洛（Winslow，1952）便提出了基本公共卫生服务的概念，他认为，基本公共卫生服务应该由社区组织，并通过一系列措施使得人人享有健康保障[1]。而对于基本公共卫生公平，国外学者倾向于从横向公平和纵向公平两个维度，从服务覆盖公平、费用覆盖公平、健康公平等方面对基本公共卫生的可得性和可及性进行分析，其目的是满足不同地区或不同收入水平的居民都能获得基本医疗服务[2]。如艾奇逊（Acheson）提出医疗卫生服务的可及性直接影响健康公平的实现[3]。另外，还有部分学者倾向于从医疗资源供给公平的角度出发，建议医疗资源向老人、儿童等弱势群体倾斜[4]，以实现基本公共卫生公平。

针对医疗卫生基本公共服务均等化的研究，国内学者起步较晚，但是，伴随国内医疗卫生体制改革的进一步深入，相关研究已经取得较为丰富的成果。对于医疗卫生基本公共服务均等化的内涵，刘琼莲（2009）、汪志强（2010）认为是"底线均等"[5-6]，常修泽（2007）认为是机会均等和结果的大体相等[7]，而罗鸣令、储德银（2009）则认为是保证效率为前提的均等[8]。另外，对于医疗卫生基本公共服务均等化的实现过程，梁万年（2003）认为政府应重视医疗卫生投入的公平性，使经济收入低的人受益[9]；于风华等（2009）则从健康公平的角度提出确保人人享有公平的健康水平和生活质量[10]；冯显威（2009）则认为应该根据公民的医疗卫生服务需求来确定医疗卫生基本公共服务的内容。但是，地处偏远、经济欠发达地区的政府财政支付能力有限[11]，李林贵等（2010）、符壮才（2009）认为基本公共服务均等化要在社会和公共财政承载能力范围内去实现[12-13]。

2. 医疗卫生基本公共服务均等化的空间测算与差异特征

针对医疗卫生基本公共服务均等化的衡量，西方学者主要从基本公共卫生资源配置和基本公共卫生资源利用两个层面展开研究。首先，在基本公共卫生资源配置层面，菲利普·马斯格罗夫（Musgrove，1986）等利用医疗机构床位和医疗从业人员数量的差距衡量基本公共卫生资源配置的公平状况[14]。H. 大卫·谢尔曼（Sherman，1984）引入计量经济方法，利用基尼系数、Atkinson 指标对医疗机构床位和医师数量等数据进行加工处理，用以测度基本公共卫生资源配置的公平性程度[15]。其次，在基本公共卫生资源利用层面，瓦格斯塔夫（Wagstaff，1997）等从筹资公平、卫生服务利用公平和健康公平三个方面探讨基本公共卫生服务公平性的实现程度[16]。莱尔森（Lairson，1995）则利用直接标准化方法针对 1990 年澳大利亚的基本公共卫生资源的利用情况进行了研究[17]。

国内学者通常采用理论与实证相结合或者单一实证两种方法深入探讨医疗卫生基本公共服务均等化的问题。首先，使用理论与实证相结合的方法进行研究的文献数量并不多，其中最具有代表性的是辛冲冲等（2020）使用熵权法合成单一化指数测度我国各省医疗卫生服务供给水平，进而使用基尼系数和核密度估计法分析供给水平的地区差异及来源，研究发现全国及东部、中部和西部三大区域医疗卫生服务供给水平均呈稳步上升态势[18]，而且，辛冲冲（2022）还从纵向财政失衡的角度切入，分析地区 FDI 竞争及模仿的策略性行为对医疗卫生服务供给水平的影响。首先，将以上因素纳入同一分析框架进行理论分析[33]。其次，使用泰尔指数、层次分析法（AHP）、德尔菲法等单一实证研究方法的文献数量较多。其中，冯海波等（2009）采用泰尔指数作为研究工具，对广东省公共医疗卫生支出的财政均等化水平进行了测度，发现广东省无论是城乡还是区域之间的公共医疗卫生支出的不均等程度都在改善[19]。王晓洁（2015）从基本医疗卫生资源配置状况的角度入手，利用层次分析法对我国东部、中部和西部地区的医疗卫生基本公共服务水平进行分析，研究发现地区间差呈现持续缩小的态势[20]。但是，陆远权等（2010）在利用德尔菲法在对重庆市城乡基本公共服务均等化水平进行分析时发现，医疗卫生服务的城乡均等化程度仍然较低[21]。同时，陈志勇等（2021）在基尼系数和核密度估计方法的基础上加入马尔可夫链分析法对 2007～2018 年的数据进行分析，他们也发现全国与东部地区都存在两极分化现象[22]。

医疗卫生基本公共服务的空间差异不仅存在于区域之间，而且区域内部的差异也非常明显。总体上，中国医疗卫生基本公共服务的空间差异表现出"东高西低"的梯度特征[23]。这种非均衡现象在美国、印度等国家也存在[24-25]。

3. 医疗卫生基本公共服务的突出问题

学者们认为我国医疗卫生基本公共服务发展的突出问题主要体现为政府治理及财政体制尚未完善、不同地区和不同人群之间差异大和支持政策不健全三方面。

第一，政府治理及财政体制尚未完善。政府在医疗卫生基本服务均等化实现过程中发挥关键性作用[26]，但目前，政府治理及财政体制存在诸多问题，如政府提供医疗卫生基本公共服务时的筹资责任和各级政府财政能力之间的关系不清晰[27]，常住人口数和实际服务人口数并不相等，所以财政拨付的补助经费和实际服务人口数无法匹配，导致流动人口大量涌入的城市财政支出缺乏相应的政策支持[28]，且外来流动人口的健康管理服务模式与常住人口存在显著差异。再者，由于不同省份政府财政实力存在显著差异，且地方政府财力薄弱及财权、事权的不匹配导致医疗卫生支出财政投入不足和失衡是医疗卫生基本公共服务存在城乡和地域差异的主要原因[29-32]。另外，纵向财政失衡、地区外商直接投资（FDI）竞争这两个因素对医疗卫生服务供给水平产生了明显抑制作用[33]。所以要真正实现医疗卫生基本公共服务均等化，就应该更加关注政府责任，设计更加合理的中央转移支付制度。

第二，不同地区和不同人群之间的差异较大。省与省之间[34]，东部、中部和西部地区之间[35]，城乡之间[36]均存在较大差距。地理位置偏远、经济发展落后地区的贫困居民，尤其是地广人稀地区的居民与医疗服务机构之间的地理距离成为他们享用基本公共卫生服务的最大障碍。省与省之间政府医疗卫生支出差距加剧了医疗卫生经费分配的不公平，使得不同省份之间医疗卫生基本公共服务水平存在明显差距。另外，农村人口密度和城镇化进程会导致不同地区医疗卫生服务水平存在差异[37]。历史遗留的城乡二元结构使大量优质的医疗卫生资源集中于大城市，农村医疗卫生资源的匮乏，城乡基本医疗卫生服务水平存在显著差距[38-39]。除此之外，政府财力、转移支付水平、财政分权度、城镇化水平和对外开放度都会对医疗卫生水平的空间差异造成显著性影响[22]。

第三，支持政策还不够健全。由于相关支持和保障政策还不够健全，服务覆盖范围、提供方式和质量成为影响医疗卫生服务公平的主要因素[40-41]。受宣传方式等限制，居民参与医疗卫生基本公共服务意愿不强[42]、能力不足导致贫困人群无法正常享受相应服务。另外，医保政策统筹程度、人口户籍制度、经济发展政策均从不同层面增加了医疗卫生基本公共服务均等化实现的难度。

1.2.2 城乡医疗卫生基本公共服务均等化相关研究

基于特定的历史文化背景及发达的经济水平，西方国家的城乡一体化程度较高，较早建立了比较完善的城乡卫生公共服务体系，所以关于城乡医疗卫生基本公共服务均等化内涵、影响因素及测算的研究文献相对较少。与西方国家显著不同的是，城乡差距在我国医疗卫生基本公共服务的发展过程中长期存在，因此，学界针对准确衡量城乡医疗卫生基本公共服务均等化水平的方法展开了详细讨论，同时对影响城乡医疗卫生基本公共服务均等化实现的相关因素也进行了充分的研究。

1. 城乡医疗卫生基本公共服务均等化

国外学者针对城乡医疗卫生基本公共服务均等化的研究开始较早，视角主要集中于非均等化的表现。安纳德等（Anand et al.，2008）[43] 从医疗卫生基本公共服务人力资源在城乡之间的差异描述城乡医疗卫生基本公共服务的不均等现象；魏众、B. 古斯塔夫森（2005）[44] 则从财政卫生支出的城乡差异入手，探讨城乡医疗卫生基本公共服务不均等的程度；而胡（Hu et al.，2013）[45] 和金等（Jin et al.，2015）[46] 则从资源可及性的城乡差距分析医疗卫生基本公共服务城乡不均等的具体表现。

2003 年，国内学者开始针对城乡医疗卫生服务水平差距展开讨论。他们认为城乡之间不均等发展主要体现在城市人口和农村人口是否完成疾病模式转变的差异上。导致这种差异的原因是城乡二元结构和经济体制改革导致城乡居民在收入、获得公共服务和社会保障方面存在明显差距[47]。然而，关于城乡医疗卫生服务基本公共服务均等化的概念很少被涉及。只有少部分学者提出医疗卫生领域的城乡差距和城乡不公平并不等同，而城乡不公正是医疗卫生领域更值得关注的话题[48]。随后，国内学者开始使用统计及计量经济方法对城乡医疗卫生服务基本公共服务均等化水平进行深入探讨。鄢洪涛（2011）使用泰尔指数测算我国城乡基本医疗卫生服务的水平差距，发现城乡居民获得医疗卫生基本公共服务的实际水平有明显改善，相对和绝对差距都在逐渐缩小[49]。和立道（2011）利用城乡医疗卫生费用和医疗卫生资源数据，并从组间差距、组内差距两个角度对城乡医疗卫生公共服务差距进行具体分析，研究发现医疗卫生公共服务在城乡间的差距非常大，造成差距的贡献率达 80% 以上，且农村组间差距高于城市组内差距，同时，城乡医疗卫生基本公共服务不均等主要体现在服务覆盖率的差

距[50]。伴随着时间的推移，卢盛峰等（2022）认为城乡医疗卫生基本
公共服务不均等现象正在逐渐改善，但目前的不均等现象主要表现为区
域性服务种类不均等，通过区域差异分解得出医疗卫生服务整体不均等
的原因是乡镇（街道）内部、城乡内部以及不同区域内部的不均等[51]。

2. 影响城乡医疗卫生基本公共服务均等化的因素

中国存在特殊的城乡二元结构，因此影响城乡医疗卫生基本公共服
务均等化实现的因素与西方国家不同。黄云鹏（2010）认为医疗卫生财
政投入规模不足、投入机制不稳定和医疗资源城乡分配不均导致医疗卫
生基本公共服务存在城乡差距[52]。和立道（2011）则认为分税制改革的
缺陷严重制约了城乡医疗卫生基本公共服务均等化的实现[50]。甘行琼等
（2014）承认分税制改革的缺陷，但同时提出基层政府财力、转移支付和
城乡二元结构也在很大程度上影响城乡医疗卫生基本公共服务的资源配
置[53]。与此同时，马超等（2017）认为城乡歧视和城乡收入差距会导致
居民就医机会的不平等，从而导致医疗卫生基本公共服务的城乡差距扩
大[54]。采用跨学科方法来研究同样的问题，缪小林等（2022）发现地形
起伏度通过地方财力供给和人口聚集间接加大了城乡医疗卫生服务差距，
但伴随经济发展水平的不断提高，这种差距会逐渐缩小[55]。

从医疗卫生资源配置的角度来看，林（Ling et al.，2011）[56]认为
医疗卫生资源存在地区间的显著不平等现象，陈（Chen et al.，
2019）[57]进一步提出即便同一个城市，城市内部的不同地区同样存在
医疗卫生资源配置不均的问题。这种不均等会影响医疗卫生资源配置
的可及性，进一步导致不公平现象出现。杨林等（2016）提出人力和
物力资源在城乡之间的投入差距直接影响了城乡医疗卫生基本公共服
务水平[58]。另外，配置过程并没有结合贫困地区的实际情况给予特殊
人群倾斜性政策，且专项补助标准偏低也是造成医疗卫生资源配置城
乡不均进而导致医疗卫生基本公共服务水平存在城乡差距的原因[59]。
不容乐观的是，由于经济发展水平存在地区差异且相关激励机制匮乏
导致城乡医疗卫生基本公共服务资源的共享性和流动性较差，所以资

源的初次投入差距很难在后期得到扭转和改善[60]。其实，早在1963年，西方学者阿罗（Arrow，1963）就指出，由于医疗市场存在着信息不对称和逆向选择问题，所以医疗卫生资源的需求和供给均难以稳定，容易引发资源配置的非均衡现象[61]。

1.2.3 基本公共服务均等化空间差异研究

基本公共服务均等化是学术界研究的热点问题，对基本公共服务均等化的空间差异进行具体分析是较新的研究视角，所以相关文献数量有限，现有研究成果主要集中在以下两个方面。

1. 基本公共服务均等化的空间差异

安体富等（2008）从国家视角出发，研究了基本公共服务均等化的空间差异，通过对2000~2006年相关数据分析，他发现中国基本公共服务水平在不同地区之间的差距越来越大，与此同时，基本公共服务项目在地区间的差异程度也较大[62]。任强（2009）将研究视角细化至省，进一步研究发现2000~2006年中国省际基本公共服务水平的差距没有缩小的趋势[63]。为分析省际差异，唐天伟将研究节点设置为2003~2012年，他发现虽然各省基本公共服务均等化存在明显的区域差异，但差异性正在缩小[64]。而武力超等（2014）更关注不同省份之间基本公共服务水平的时空变化，通过对各省进行分析发现，各省基本公共服务均等化水平由西向东逐渐提高[65]。与前面研究结论稍有不同的是，魏福成等（2015）认为，虽然均等化程度稳步上升，但省际综合基本公共服务均等化水平依然偏低[66]。辛冲冲等（2019）将研究内容进一步细化，发现中国基本公共服务总体差异主要来源于不同区域之间的差异，这种区域差异趋缓下降且存在收敛、绝对收敛和条件收敛[67]。冯骁等（2014）将研究聚焦至市域，并利用2000~2010年10年的数据进行分析，结果发现中国市域基本公共服务非均等化程度均较高，且东部城市高于西部城市，非均等化程度伴随时间推移呈现下降趋势[68]。

2. 城乡基本公共服务均等化

改革开放后，经济快速发展的同时城乡差距不断扩大，外国学者如比安（Bian，1994）[69]和古斯塔夫松（Gustafsson et al.，2008）[70]十分关注中国社会发展中所存在的贫富差距和城乡差距问题。国内学者们发现，将研究对象聚焦至城乡基本公共服务均等化并针对其空间差异进行分析，能够更加清晰、具体地揭示城乡基本公共服务均等化的实质情况。其中，韩增林等（2015）以中国 31 个省份作为研究对象，采用构建指标体系和均等化指数等方法测度各省份城乡基本公共服务均等化程度并对空间格局进行分析，研究结果表明：省内城乡间基本公共服务水平差异显著，城乡间基本公共服务空间分布呈现不同特征。其中，城市呈现出"T"型，即"东—中—西"的阶梯状递减分布；农村则呈现出"东—西—中"的阶梯状递减分布[71]。与此同时，范逢春等（2018）以 29 个省的面板数据从制度绩效角度对基本公共服务均等化程度进行评价，分析结果显示我国城乡基本公共服务均等化水平已经得到明显改善，其中城乡基本社会保障均等化改善最为明显[72]。在此基础上，杨晓军等（2020）通过构建城乡基本公共服务均等化指数，利用 Dagum 基尼系数和空间面板模型探究中国城乡基本公共服务均等化的区域差异和收敛性。研究结果显示我国城乡基本公共服务均等化总体差异、区域内差异和区域间差异呈现不同特点。其中，总体差异波动上升，超变密度是主要原因；区域内差异除东部地区外，其他地区都呈现持续扩大趋势；东中部和西部的区域间差距最大且呈现持续扩大状态。从收敛趋势看，只有东部地区的城乡基本公共服务均等化水平呈现明显收敛趋势，而全国及其他区域均不存在明显收敛趋势[73]。

1.2.4 文献述评

我国现有的相关研究文献对基本公共服务的研究相对较多，对医疗卫生基本公共服务的研究相对较少。而综观国内学者关于医疗卫生基本公共服务的研究可以看出，现有医疗卫生基本公共服务的研究存在着诸多方面的不足和缺陷，主要表现在以下几个方面。

第一，整体研究多，精细化研究少。我国当前对医疗卫生基本公共服务的研究大多从全国视角入手，分析医疗卫生基本公共服务供给水平的高低以及供给水平的影响因素。而从城乡或区域视角切入进行精细化的研究才刚刚起步。

第二，城乡视角研究较多，区域视角研究较少。我国当前对城乡医疗卫生基本公共服务的研究大多集中于城乡医疗卫生基本公共服务均等化水平的测度和影响因素分析。而从区域视角切入的研究相对不足，尤其是在城乡医疗卫生基本公共服务均等化基础上的区域研究更加不足。

第三，制度性研究较多，基础性研究较少。我国现有的医疗卫生基本公共服务的研究成果侧重于对影响医疗卫生基本公共服务水平的制度进行研究，而对医疗卫生基本公共服务的实际水平、城乡差距、区域差距以及未来发展趋势的研究相对欠缺。

第四，定性研究多，定量研究少。我国目前对医疗卫生基本公共服务的研究大多是定性研究，而对其进行定量研究或定性与定量相结合的研究明显还不够充分。

第五，现阶段对如何健全和完善医疗卫生基本公共服务体系方面的研究多，而对医疗卫生基本公共服务在长期内的发展方向和趋势方面的研究尚不多见。

本书试图弥补以上研究的不足。本书立足于当前我国医疗卫生基本公共服务实际，在对医疗卫生基本公共服务相关理论进行分析研究的基础上，通过对城乡医疗卫生基本公共服务均等化水平和时空分布、城乡医疗卫生基本公共服务均等化区域差异以及区域差异的收敛性进行实证分析，探讨目前中国医疗卫生基本公共服务体系存在的主要问题及其原因，然后着重从优化医疗卫生基本公共服务存量资源配置、增量资源分配倾向和注重政府供给能力、服务能力和服务质量等方面对我国医疗卫生基本公共服务体系进行改革与创新研究。

1.3　研究思路与结构安排

1.3.1　研究思路

本书旨在探究中国城乡医疗卫生基本公共服务在东部、中部和西部地区之间的区域差异，并力图量化分析其区域差异的收敛性，进而为促进中国城乡医疗卫生基本公共服务的区域协调发展建言献策。为此，本书首先根据中国城乡医疗卫生基本公共服务均等化水平现状及2012~2020年时空分布特征，提出核心研究问题，即中国城乡医疗卫生基本公共服务存在显著的区域差异。其次，利用 Dagum 基尼系数及其分解法对中国城乡医疗卫生基本公共服务均等化的区域差异及差异来源进行分析，并提出造成区域差异的主要贡献因素。再次，针对区域差异进行收敛性分析，分别从 σ 收敛模型分析、绝对 β 收敛分析和条件 β 收敛分析三个维度对中国城乡医疗卫生基本公共服务区域差异的发展趋势进行估计。最后，对造成中国城乡医疗卫生基本公共服务区域差异的历史和现实原因进行分析，在提出相应改进思路的基础上，结合我国当前医疗卫生基本公共服务的实际情况、财政体制现状及医疗卫生改革的进程，从提高政府供给能力、提高政府服务能力、提高政府服务质量和提高群众满意度四个层面出发，提出具有针对性和可行性的政策建议。

1.3.2　结构安排

根据上述研究思路，本书包含五大部分共八章内容。第一部分即本书的第 1 章绪论。本部分主要介绍了本书的选题背景及研究意义、国内外文献综述、研究思路与结构安排、研究方法与技术路线以及创新与不足五部分内容。第二部分即论文的第 2 章相关概念界定与理论基础，本部分首先对城乡、基本公共服务与基本公共服务均等化和医疗卫生基本公共服务与医疗卫生基本公共服务均等化的概念进行清晰界定，然后围绕城乡医疗卫生基本公共服务均等化和区域差异两点，介绍了与本书直接相关的经典财政理论和卫生经济理论。第三部分包括第 3 章、第 4 章和第 5 章，即实证结果及分析，是本书的重点部分。其中第 3 章为中国城乡医疗卫生基本公共服务均等化水平测度、分布动态与演化趋势，其探讨了目前中国城乡医疗卫生基本公共服务的均等化水平以及 2012～2020 年区域间和省际间的时空分布特征。第 4 章为中国城乡医疗卫生基本公共服务均等化的区域差异及差异来源，主要探讨了我国东部、中部和西部地区城乡医疗卫生基本公共服务均等化水平的总体差异、区域内差异、区域间差异以及区域差异来源和贡献。第 5 章为中国城乡医疗卫生基本公共服务均等化区域差异的历史和现实原因分析，主要针对中国城乡医疗卫生基本公共服务均等化区域差异的历史和现实原因即国家相关政策变化与调整、基础性条件差异、医疗保障体系建设与发展和公共财政体制演进及改革四方面进行具体分析。第四部分包括第 6 章和第 7 章。第 6 章为中国城乡医疗卫生基本公共服务均等化区域差异的收敛性分析，主要关注中国城乡医疗卫生基本公共服务均等化的区域差异是否存在改善的可能性，通过空间计量经济方法考察均等化水平较低的地区是否存在较高的均等化发展速度，进而判断其能否加速赶上均等化水平较高的地区，即收敛性分析。第 7 章为研究结论、改进思路与政策建议。针对研究结论，提出缩小中国城乡医疗卫生基本公共服务均等化区域差异的思路与政策建议。第五部分为本书的第 8 章，即全书总结与研究展望。本部分对全文研究进行总结，指出了研究中存在的不足并对未来研究进行了展望。结构安排如图 1 - 1 所示。

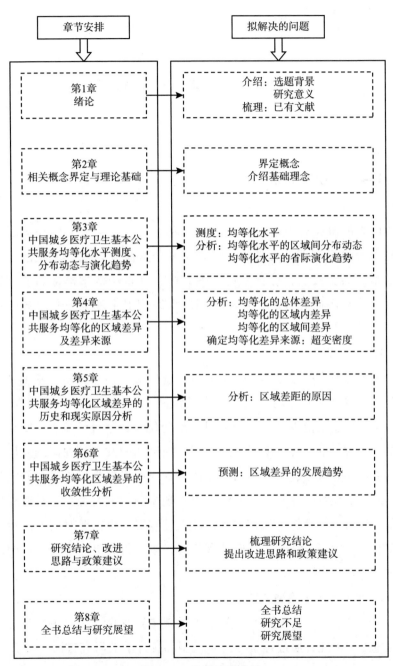

图 1 - 1 本书结构安排

1.4 研究方法与技术路线

1.4.1 研究方法

可靠的研究必须建立在科学的研究方法之上。本书以经典财政理论和卫生经济理论为基础，结合基本公共服务以及区域经济等方面的最新研究成果，综合运用归纳演绎、计量经济学模型和统计以及对比分析等研究方法，探索中国城乡医疗卫生基本公共服务的区域差异。

1. 归纳演绎

我国对城乡的界定伴随七次人口普查经历了多次调整，基本公共服务与基本公共服务均等化的概念及范围也经历过四次调整和补充，在界定其概念及范围之前，需要对历次变化和调整进行梳理、归纳和总结；同时，卫生公平思想、公共服务理论和公共产品理论的发展也需要梳理和分析，进而为本书后续研究提供明确的分析基础和研究目标；此外，在对区域差异形成的历史和现实原因进行分析、对改善区域差异的路径选择进行梳理并提出相关建议时，也需要对前人的相关研究及本书的研究结论进行归纳和演绎，以便得到更加切实可行的政策建议。

2. 计量经济学模型和统计

中国城乡医疗卫生基本公共服务区域差异及收敛性问题是本书研究的重点。为此，通过计量经济学模型和统计学的研究方法，探究总体差异、区域内差异、区域间差异和收敛性。本书涉及的计量经济学模型和统计学的研究方法共分为四种类型：第一，建立指标体系。通过熵值法建立指标体系测度我国城乡医疗卫生基本公共服务的均等化水平。第二，通过 Kernel 密度估计法对东部、中部、西部及省际城乡医疗卫生基本公共服务均等化水平的时空分布特征进行分析。第三，使用 Dagum 基尼系数及其分解法对比分析中国城乡医疗卫生基本公共服务均等化的总体差异、区域内差异和区域间差异并寻找差异来源，发现超变密度是造成均等化差异的最主要因素。第四，以 Moran's I 指数检验东部、中部、西部地区之间是否存在空间相关性，并在此基础上通过 σ 收敛模型、时空固定空间杜宾模型（SDM）的绝对 β 收敛和条件 β 收敛模型对收敛性进行全方位分析，验证了均等化水平较低的地区确实存在较高的均等化发展速度，进而能够加速追赶上均等化水平较高的地区。

3. 对比分析

对中国城乡医疗卫生基本公共服务水平时空分布特征的分析，是从区域差异和省际差异两个维度展开的。其中区域差异需要对东部地区、中部地区和西部地区的城乡医疗卫生基本公共服务水平进行对比分析；省际差异则需要对不同省份的城乡医疗卫生基本公共服务水平进行对比分析。同时，针对中国城乡医疗卫生基本公共服务的区域差距进行研究，需要从总体差异、区域内差异和区域间差异三个维度进行对比分析，以便找到导致区域差距的主要原因。

1.4.2　技术路线

本书技术路线如图 1-2 所示。

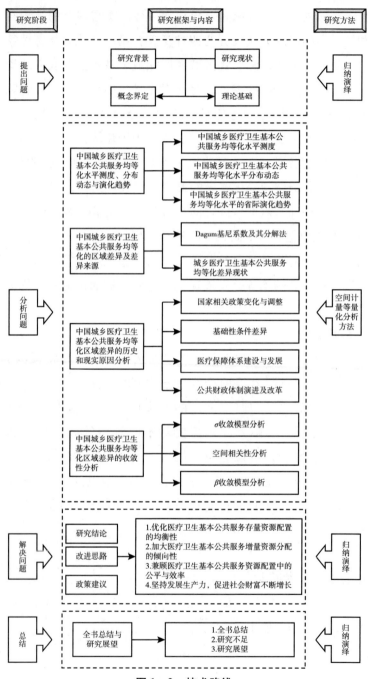

图 1-2　技术路线

1.5　本书的创新与不足

1.5.1　本书的创新点

现有文献关注的重点集中在城乡基本公共服务均等化，而对基本公共服务体系中重要的组成部分，即医疗卫生基本公共服务的研究尚不够系统和全面。鉴于此，本书的创新点主要体现在如下三个方面。

第一，研究视角。现有针对医疗卫生基本公共服务均等化的研究，一般仅将全国划分为城和乡两部分展开分析，缺乏地区间差异的对比探索。本书利用 Kernel 密度估计法绘制了全国及东部、中部、西部三大区域城乡医疗卫生基本公共服务均等化水平的分布动态，分析不同区域的城乡医疗卫生基本公共服务均等化水平；又基于 Dagum 基尼系数及其分解法将区域差异拓宽至总体差异、区域内差异和区域间差异，突破了现有文献仅对城乡之间差异进行研究的局限性，拓展了城乡医疗卫生基本公共服务均等化的研究范围，是对该领域研究的重要补充。

第二，研究对象。现有研究主要围绕城乡基本公共服务均等化的区域差异及收敛性问题展开讨论，且数量非常少。然而，基本公共服务覆盖范围广泛、内容丰富，已有研究缺乏对基本公共服务体系中九部分具体内容的指向性分析。本书将研究对象细化至其中一个部分：医疗卫生基本公共服务，针对城乡医疗卫生基本公共服务均等化水平在东部、中部和西部地区之间的差距展开研究，细化了区域间城乡基本公共服务均等化的研究内容。其次，现有针对区域间城乡医疗卫生基本公共服务均等化的研究很少，聚焦其收敛性的探索更是鲜有涉及。本书通过空间计量经济模型：σ 收敛模型、时空固定杜宾模型、绝对 β 收敛分析和条件 β 收敛等分析方法就城乡医疗卫生基本公共服务均等化区域差距的收敛性进行全面、细致的分析和验证，是对已有研究的有益补充。

第三，研究结论。本书通过对城乡医疗卫生基本公共服务均等化区域差异的深入分析，发现造成城乡医疗卫生基本公共服务均等化差异的深层次原因实为超变密度，即城乡医疗卫生基本公共服务均等化水平较低地区中的均等化水平较高城市与城乡医疗卫生基本公共服务均等化水平较高地区中的均等化水平较低城市之间的差距。

1.5.2　本书的不足

与此同时，本书还存在许多不足之处。一方面，本书研究对象"医疗卫生基本公共服务"的范围并不包括医疗保险服务、计划生育辅助服务、医疗救助项目下的相关内容，如果构建中国城乡医疗卫生基本公共服务均等化指标体系时将上述内容考虑在内，中国城乡医疗卫生基本公共服务均等化水平是否会有变化，继而对其区域差距和收敛性产生何种影响，都仍待专文予以探讨。另一方面，在测算城乡医疗卫生基本公共服务均等化水平时，本书仅选择从床位数、人员数和医疗机构数三个方面构建评价指标体系。事实上，反映医疗卫生基本公共服务水平的指标还有很多，如医师学历、专业技术资格和日均担负诊疗人次等医疗卫生人力资源情况，总资产、平均财政补助等医疗卫生财力资源等指标都是较为前沿的研究方向。因此，在衡量医疗卫生基本公共服务水平的其他层面，区域差异的研究同样值得在未来进一步深入探讨。

第 2 章　相关概念界定与理论基础

2.1　相关概念界定

2.1.1　城乡

目前，我国并没有界定城乡的统一标准，最常用的三种城乡界定方法分别适用于行政管理、统计需要和城市规划，其界定口径并不统一。在行政管理层面，城乡的界定标准一直沿用 2008 年实施、2015 年和 2019 年两次修订的《中华人民共和国城乡规划法》的相关规定，按照经济活动内容的不同将城乡分为城镇、城市、镇、乡和村庄。从统计需要的角度，主要是依靠 2008 年国务院批复的《统计上划分城乡的规定》和国家统计局颁布的《统计用区划代码》和《城乡划分代码》来对城乡进行界定。《统计上划分城乡的规定》以民政部门为划分主体、以居民委员会和村民委员会辖区为划分对象，在此基础上，按照已建成或在建的公共基础设施、居住设施和其他设施为划分依据，将我国不同地区划分为城镇和乡村两部分[74]。而《统计用区划代码》和《城乡划分代码》则通过使用不同代码界定了城区、镇区和乡村三部分。在城市规划层面，按照《城市规划基本术语标准》将居民点划分为"城市"和"乡村"两部分。城市包括建制市和建制镇,乡村分为集镇和村庄。按照这个界定标准,县城属于"城市"。

城乡界定方法与市镇设置、人口统计口径密切相关,我国对城乡概念的界定变化如表2-1所示。可见,我国对城乡的界定伴随七次人口普查经历了多次变化和调整。

表2-1　　　　我国城乡界定与市镇设置、城乡人口统计口径历史演进

时间	政策标准/人口普查	市镇设置	城乡人口统计口径	城乡界定
1953年	第一次人口普查	按行政、地域划分	各省自行设定口径	无统一标准
1955年	《关于城乡划分标准的规定》《国务院关于设置市、镇建制的决定》	城镇:市县人民委员会所在地人口>2000,50%以上强调"经济条件"	市镇人口:市镇辖区内总人口;明确划分农业和非农业人口	城乡界定的最早标准
1963年	《关于调整市镇建制、缩小城市郊区的指示》	设置市镇标准提高	—	城镇范围缩小,农村范围扩大
1964年	第二次人口普查	—	按户籍划分城乡;城镇人口:市镇非农业人口	城镇范围继续缩小,农村范围继续扩大
1982年	第三次人口普查	—	按行政地域划分城乡;城镇人口:市和镇的总人口	城镇范围扩大,农村范围缩小
1984年	行政区划体制改革	设置市镇标准下降,县改市、乡改镇、镇管村,大量新设城市产生	—	城镇范围继续扩大,农村范围继续缩小
1986年	《关于调整设市标准和市领导县条件的报告》	设置市镇标准继续下降;整县设市、市县合并	—	城镇范围进一步扩大,农村范围进一步缩小

时间	政策标准/ 人口普查	市镇设置	城乡人口统计口径	城乡界定
1990 年	第四次人口普查	—	行政区域细分： 市人口：设区市所辖区人口＋不设区市所辖街道人口； 镇人口：不设区市所辖居委会人口＋县辖镇居委会人口	城乡界定标准改变
1993 年	《关于调整设市标准报告的通知》	设市标准复杂化	—	城镇范围缩小，农村范围扩大
2000 年	第五次人口普查	—	强化空间概念： 城市：人口密度＞1500人/km² 的街道、镇街道； 镇乡：人口密度＜1500人/km² 及不设区的城市人口	城市范围继续缩小，农村范围继续扩大
2006 年	《关于统计上划分城乡的暂行规定》	人口密度＜1500人/km²，不设区城市划入农村	—	城市范围进一步缩小，农村范围进一步扩大
2008 年	《关于统计上划分城乡的规定》	划分对象：民政部门确认的居委会、村委会辖区； 划为标准：已建/在建公共设施、居住设施、其他设施	—	城乡界定标准改变
2010 年	第六次人口普查	—	按 2008 年相关规定执行	按2008年相关规定执行
2020 年	第七次人口普查	—	按 2008 年相关规定执行	按2008年相关规定执行

鉴于此，综合考虑数据的可得性、研究的适用性和实际意义，参考王丽莉和乔雪[75]的划分标准，本书将地级市的市辖区定义为城市地区，归为"城"的统计范畴；市辖区以外的地区定义为农村地区，归为"乡"的统计范畴。所以本书涉及的"乡"即农村，是包含了县、镇和村等市辖区以

外所有范围的广义概念。由于北京、天津、上海和重庆四个直辖市均为市辖区，不存在市辖区以外的地区，因而不在本次研究范围内。

2.1.2 基本公共服务与基本公共服务均等化

基本公共服务与基本公共服务均等化的内涵转换与特定的历史背景、政府职能转变和经济发展阶段密切相关。2006年以后，国家将建设服务性政府上升为国家战略，提出构建和谐社会和保障改善民生，用来强调民生话题的"基本公共服务"和"基本公共服务均等化"概念开始出现在党政文件中[76-81]，随后，其概念经历了三次小幅度变化，如图2-1所示；基本公共服务范围也随之发生改变，如图2-2所示。

《国家基本公共服务标准（2021年版）》①（以下简称《标准》）是国家基于经济社会发展水平和财政保障能力确定的最低要求，是解决发展不平衡、不充分问题的重要手段。以标准化推动基本公共服务均等化，是在满足人民群众基本生活需要与国家财政保障能力之间寻找最佳平衡点的过程[82-86]。

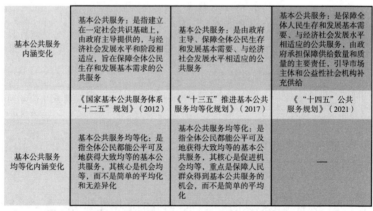

图2-1 基本公共服务及基本公共服务均等化内涵变化

---

① 注：本书使用的《国家基本公共服务标准（2021年版）》与当前执行的《国家基本公共服务标准（2023年版）》在九大模块划分上没有变化。

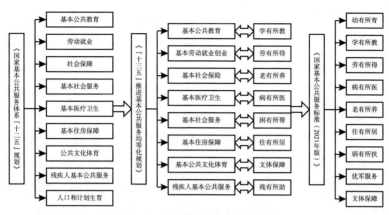

图 2-2　基本公共服务范围变化

本书提及的"基本公共服务"均指《标准》中规定的相关内容，具体包括 9 个方面、22 大类、80 个服务项目，内容详见表 2-2。而"基本公共服务均等化"的概念采用"十三五"规划中对"基本公共服务均等化"内涵的界定。

表 2-2　　　《国家基本公共服务标准（2021 年版）》一览表

幼有所育 （一）	优孕优生服务	病有所医 （四）	公共卫生服务	弱有所扶 （七）	社会救助服务
	儿童健康服务		医疗保险服务		公共法律服务
	儿童关爱服务		计划生育扶助服务		扶残助残服务
学有所教 （二）	学前教育助学服务	老有所养 （五）	养老助老服务	优军服务保障 （八）	优军优抚服务
	义务教育服务		养老保险服务		
	普通高中助学服务	住有所居 （六）	公租房服务	文体服务保障 （九）	公共文化服务
	中等职业教育助学服务				
劳有所得 （三）	就业创业服务		住房改造服务		公共体育服务
	工伤失业保险服务				

2.1.3 医疗卫生基本公共服务与医疗卫生基本公共服务均等化

1. 医疗卫生基本公共服务

本书的研究对象"医疗卫生基本公共服务"指的是《国家基本公共服务标准（2021年版）》中涉及医疗服务和公共卫生服务的相关项目，具体内容如图2-3所示。但是，由于医疗保险服务、计划生育辅助服务、医疗救助项目下的相关内容统计口径和测度方法不尽相同，因此不在本次研究范围内。

2. 医疗卫生基本公共服务均等化

根据医疗卫生基本公共服务的供给主体和供给客体划分，医疗卫生基本公共服务均等化可以分为政府作为供给一方的"供给均等"和人民群众作为接受一方的"享受均等"。"供给均等"是前提，"享受均等"是结果；"供给均等"无法保证"享受均等"，但是"享受均等"一定体现了医疗卫生基本公共服务均等化的全面实现。

从供给角度看，医疗卫生基本公共服务均等化具体表现为人员、设备、设施等供给均等、财政供给均等和制度均等。其中，人员、设备和设施供给均等指的是医疗卫生部门的工作人员、设备和设施在配置数量和质量上同时实现均等；财政供给均等主要体现在中央和地方对医疗卫生基本公共服务财政支出分担比例的纵向均等以及地方财政在辖区内分配的横向均等两方面；制度均等则是医疗卫生基本公共服务供给均等化实现的保证。事实上，政府在提供医疗卫生基本公共服务的过程中，供给不足和供给不均问题同时存在，供给不足前提下的供给不均会加剧"非均等化"局面。

从需求角度看，"医疗卫生基本公共服务享受均等化"是指医疗卫生基本公共服务"享受数量机会均等"和"享受质量机会均等"的共同实现。"享受数量均等"指的是人民群众人均享有医疗卫生基本公共服务的数量相等①，也是"享受均等"的前提和保证，而"享受均等"的真正实现还要根据"享受质量的均等"。但是，享受质量均等的衡量具有很大的困难；尤其是在医疗卫生基本公共服务数量供给受限的情况下，质量均等更加容易被忽视。

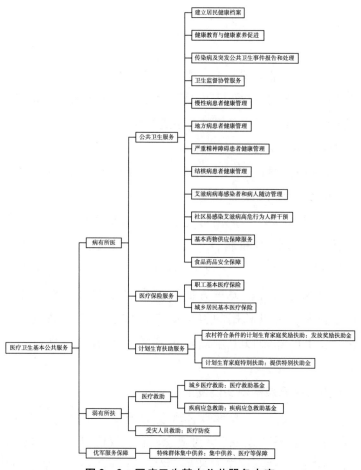

图 2 - 3 医疗卫生基本公共服务内容

---

① 资料来源：以标准化推动基本公共服务均等化——国家发展改革委有关负责同志就《国家基本公共服务标准（2021 年版）》答记者问［J］. 宏观经济管理, 2021（5）.

2.2 相关理论基础

2.2.1 卫生公平理论

卫生公平理论是实现医疗卫生基本公共服务均等化主要的理论基础，现就卫生公平的概念、卫生公平思想的起源及发展、医疗卫生基本公共服务均等化与卫生公平的关系进行探讨。

1. 卫生公平

根据世界卫生组织和瑞典国际开发署的观点，卫生公平是指生存机会的分配应该以需要为导向，针对不同的卫生需要，保证每个人拥有同等机会享受相对应服务（如基本的预防、医疗、保健或者康复）的原则和属性[87]。从这个角度而言，卫生公平包含两层含义：一方面，卫生服务的可得性，即卫生资源被公平分配到某个地区的比重；另一方面，卫生服务的可及性，也就是卫生服务的需求者可以利用的卫生服务设施和服务人数的比例。因此，卫生公平的实现以卫生需求得到满足为前提，且应与卫生供给相等。

2. 卫生公平思想的源头及发展

卫生公平是社会公平的重要体现[88]，所以卫生公平思想源于公平理论的发展。"公平"是一个多维概念，它不仅代表历史范畴，还反映关系范畴和价值范畴。更重要的是，在社会领域，公平是分配公共产品的基本准则。公平性的程度直接影响社会的文明程度。公平思想源于柏拉图的《理想国》，后来很多学者进一步对公平的内涵展开深入讨论，具体汇总情况如表2-3所示。

表 2 - 3　　　　　　　　　　　公平的内涵汇总

时间	代表人物	主要观点
古罗马	乌尔比安	公平：是使每个人获得其应得的东西的永恒不变的意志
1789 年	杰里米·边沁	功利主义公平观：任何一项行动，如果能让所有人都能最大化地感到幸福，那就这么做
1842 年	马克思	公平正义思想："公平分配"不是抽象的平等权利概念，而是建立在一定生产方式基础上，是由生产的物质条件所决定的
1971 年	约翰·罗尔斯	公平性原则：若要得到最终公正的结果，则实质的正义与程序的正义缺一不可
1974 年	罗伯特·诺齐克	权利正义理论：正义取决于权利，权利取决于持有的正当性，持有的正当性取决于持有正义
2009 年	阿玛蒂亚·森	能力公正观：通过社会成员"基本可行能力"的公平程度来判断社会是否实现了公平正义[89]
当代	—	公平：是指处理事情时，应该基于一定标准或者原则，合情合理、不偏不倚的态度或者行为方式。包括权利公平、规则公平和机会公平三方面

注：资料来源于上述研究者的文献整理。

　　从上述公平的内涵可知，虽然学者们从不同的角度描述、解释公平，但共性的结论是卫生公平不等于卫生平等。卫生公平理论反对简单地、平均地分摊卫生资源和服务，因为平均分配会使不需要的成员多得到而需要的成员得不到或者得到不足，最终导致社会成员的整体需求无法有效满足。卫生公平强调按需分配原则，使真正需要的人得到合适的卫生资源和卫生服务，旨在缩小人与人之间的差距、减少甚至消除不公平和不公正。需求得到满足的程度差距越小，卫生公平性越高；反之越低。

3. 医疗卫生基本公共服务均等化与卫生公平

　　医疗卫生基本公共服务均等化的推进能够充分体现卫生公平原则。医疗卫生基本公共服务均等化的实现过程，能够有效缩小人与人之间以及不同地域之间的各种差距，提高人们的满足程度和幸福感，进而促进经济的稳定发展和社会的长治久安。

但是，医疗卫生基本公共服务均等化并不是平等用力，而是根据按需分配原则，保证全体公民机会相等地获得医疗卫生基本公共资源及服务，从而使有限的资源得到更合理、高效的利用，同时不断提升全体公民的获得感、幸福感和安全感[90]。因此，医疗卫生基本公共服务均等化作为体现卫生公平、影响社会公平的基本民生话题得到广泛关注。

2.2.2 公共服务与公共产品理论

公共服务是一个具有历史性的世界性话题。近百年来，世界各国政府、学术界围绕这个话题进行了积极的理论探讨和实践检验。推进医疗卫生基本公共服务均等化的建设工作是国家行使公共服务职能、向人民群众提供公共产品的过程[91]。伴随经济发展水平和国家公共服务能力的不断提高，政府能够向人民群众提供数量更多、质量更高的公共产品[92]。自20世纪至今，公共服务经历了传统公共行政、新公共管理和新公共服务三个发展阶段。

1. 传统公共行政与公共产品的出现

传统公共行政的诞生与西方资本主义国家自由竞争市场经济的特点密切相关。17世纪至19世纪后期，私人保险市场逆向选择和道德风险使得市场风险加剧，社会政策学派代表瓦格纳初步提出了"公共服务"理念。随后，莱昂·狄骥将"公共服务"的概念明确化，将其定义为以实现社会团结为目的、只能通过政府进行规范或者控制的活动①，界定了公共服务的实施主体为政府。

---

① 资料来源：法国公法学者莱昂·狄骥在《公法的变迁：法律与国家》一书中提出的"公共服务"概念。

"二战"后的西方国家实行混合经济体制，面对不完全竞争、外部效应等无效率因素导致的市场失灵，继凯恩斯提出政府干预论之后，新古典综合学派代表萨缪尔森于 1954 年首次提出了"公共产品①"的概念，建议政府应以实现社会平等为目标提供公共产品和公共服务。混合经济时期的西方国家，政府不仅提供公共产品，还提供混合公共产品和私人产品，使公共机制成为市场机制的有效补充。很快，西方国家政府修正了政府职能，打造了以提供公共服务为目的的服务型政府，并建立了公共服务制度和体系。

2. 新公共管理理论

20 世纪 80 年代中期，经济进入全球化发展阶段，政府公共服务的新形态"新公共管理"思潮开始盛行。新公共管理的核心思想是以经济（economy）、效率（efficiency）和效益（effectiveness）（以下简称"3E"）为价值基础，用市场化、企业化管理理念重构公共部门。新公共管理理论认为，由公共部门、准公共部门和私人部门共同参与处理公共事务的体系最适合社会发展现状。它主张由市场和社会按照政府的决策生产并提供公共服务，建立决策制定和决策执行的分离制度以及更有创新精神和使命感的政府，坚持以"顾客"即社会公众为服务导向，增强对社会公众的回应力；同时把企业管理理论的目标管理、绩效评估等方法引入公共部门，以社会公众的满意程度作为绩效考核的标准对政府的工作进行评估，以确保政府能够提供质量更好、费用更少的公共服务。

3. 新公共服务理论

进入 21 世纪后，新公共管理理论的局限性逐渐凸显：3E 原则忽略了公共管理中人对公平的追求，无法承担民主与公平的社会责任。在对其进行批判和反思的基础上，美国公共行政学家罗伯特·登哈特提出了新公共服务理论及其七大原则。与传统公共行政理论和新公共管

---

① 萨缪尔森提出的"公共产品"是指任何人消费这种物品不会导致他人对该物品的消费减少。

理理论不同，新公共服务理论的贡献主要体现在以下几个方面。首先，提出重塑政府角色。传统公共行政理论和新公共管理理论把政府作用定义为控制或者直接提供服务，而新公共服务理论的"服务而非掌舵"原则认为政府的作用既应该离开直接提供服务的划桨角色，还应该放弃对社会的控制或驾驭，成为责任的参与者和调停者，帮助社会公民表达和实现他们的共同利益。其次，转而关注公共利益。传统公共行政理论缺乏保护公共利益的相关理论。新公共管理理论则认为实现个体自我利益是公共行为的动力，政府的职能在于不断创新制度以满足个体的利益。而新公共服务理论与之不同，它认为公共利益本身就是大家共同的事业，公务人员必须致力于建立集体的、共享的公共利益观念[93]。最后，着重强调公民的权利。传统公共行政理论强调政府直接供给公共服务的职能和对行为的规制，新公共管理理论则强调社会公民的"顾客"身份，而新公共服务理论则强调"公民优先"，以鼓励更多的人承担作为公民的责任。

4. 医疗卫生基本公共服务与公共产品

医疗卫生基本公共服务是国家行使公共服务职能、面向全体公民提供的公共产品。不断改善医疗卫生基本公共服务的地区间分配不均现象并最终实现均等化状态是政府提供公共产品的终极目标[94]。

当然，公共产品也存在诸多类型。其具体分类如图 2-4 所示。

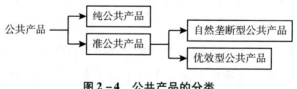

图 2-4 公共产品的分类

其中，纯公共产品是指具有非竞争性、非排他性和效用不可分割性的产品或者服务。非竞争性表现为边际生产成本和边际拥挤成本为零，非排他性指的是一部分人在某种产品或服务中受益并不排除其他人对该产品或者服务同样受益，而效用不可分割则说明公共产品无法被分割为多个可以出售的单位。与之不同的是，准公共产品同时具备公共产品和私人产品属性，如自然垄断型公共物品是指与规模经济有密切联系的公共物品，而优效型公共物品则指的是人们都应该消费或得到的公共物品。

公共产品理论作为财政学的基本理论，是构建公共财政体系、正确处理政府与市场关系的基础理论，其发展经历了漫长而曲折的过程。通过梳理相关历史资料和已有文献，本书将古典公共产品理论和现代公共产品理论进行归纳汇总，详见图 2-5。

由图 2-5 可见，20 世纪 70 年代后，公共产品理论的发展方向主要集中在以提高公共产品决策者供给效率为目的的机制设计方面。公共产品理论的不断完善和发展，有利于我们厘清政府与市场在资源配置方面的责任和边界。

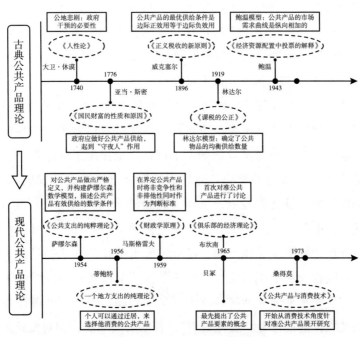

图 2-5 公共产品理论的演进

按照公共产品理论的相关分析，医疗卫生基本公共服务应当分为两部分。第一部分为基本医疗，关系到公民最基本的权利——健康权，经费以政府投入为主，但需要少部分付费，应该定义为优效型准公共产品。第二部分为公共卫生，完全由政府提供，是纯公共产品。综上所述，医疗卫生基本公共服务既包含准公共产品，又包括纯公共产品的特征，则最终归类为准公共产品的研究范畴。在我国医疗卫生基本公共服务事业实践中，由准公共产品服务特性导致的非均衡现象真实存在，大量优质医疗卫生基本公共服务资源向发达城市聚集，造成了地区之间的显著不均。

2.2.3　区域均衡发展与共同富裕理论

区域均衡发展经历了从区域非均衡到区域均衡的演进过程。实现区域均衡发展是促进社会和谐发展、实现共同富裕的重要表现；而共同富裕是中国特色社会主义现代化建设的根本奋斗目标。下面将探讨区域非均衡发展理论、区域均衡发展理论和共同富裕理论。

1. 区域差距与区域非均衡发展理论

区域非均衡发展理论的研究可以追溯到 1958 年，郝希曼首次提出并阐释区域经济发展不平衡的方法论。他通过对产业关联效应理论机制的描述阐述了区域经济发展的不平衡性。他提出了区域经济发展的方向是某个行业的进步带动其他行业的发展，使得经济发展水平高、生活条件好的区域优先发展，从而实现经济增长。从这个角度看，经济发展的初期阶段，发展水平的地区间差距会持续加剧，甚至出现贫富两极分化。经济发展速度快、经济发展水平高的地区生产效率不断提高、居民收入水平明显增加、生活条件明显改善；而经济发展速度慢、经济发展水平低的地区往往出现贫困加剧、纷争不断等影响社会稳定的现象，这被称为"极化效应"。伴随时间推移，相对发达的区域物质资本累积到一定程度后，厂商和消费者会转向周边相邻地区生产、消费产品和货物，同时，发达地区的投资者会提高对周边相邻区域的投资水平，从而带动贫困地区的经济发展，这被称为"涓滴效应"。最终，"涓滴效应"对贫困地区的影响会赶上并超过"极化效应"，进而达到发达带动贫困的效果。

从市场特点及运行机制来看，区域差异并不会自行缩小，市场力量总是使区域差异不断增大[95]。发达地区拥有更多的资本、更优秀的人力资源、更好的基础设施和更广阔的市场，必然会吸引更多的资本和劳动力，极化效应越来越强，最终导致规模经济的出现。虽然长时间来看，发展水平高的发达地区会对发展水平低的地区进行"涓滴"，但在完全市场环境下，"涓滴效应"的力度会远远低于"极化效应"，反而使得区域差异越来越明显。再者，科技水平、技术条件的差异，会使资本要素产生流动，进而造成欠发达地区的资本要素更加稀缺。不同区域之间的资本收益率差距巨大，导致贫困地区经济发展更加困难[96-98]。如果假设市场为完全竞争状态，再加入正外部性、规模经济、收益递增等影响因素，资本、人力资源等要素会聚集于空间某些点上，这称为"增长极"。"极化效应"的存在会导致增长极和极外形成从中心到外围的空间格局。经济学家威廉姆森在提出 U 形理论时指出，从图形上看，在到达 U 字拐点之前的相当长一段时期内，区域差异不断扩大，且无法消除。根据发达国家多年发展经验来分析，即便原有的差异缩小了，新的差异又会出现，循环往复。综上所述，在经济发展的初级阶段，区域非均衡发展理论具有一定的合理性和指导意义，是发展中国家发展初期为实现经济发展目标的理论选择。

20 世纪 70 年代末，国际市场竞争日趋激烈，中国在竞争中的比较劣势越发凸显。因此，尽快调整区域经济发展战略以适应国际竞争成为必然选择。国家随之提出了"一部分地区、一部分人先富起来①"的

---

① 资料来源：邓小平同志在 1985 年 10 月 23 日会见美国时代公司组织的美国高级企业家代表团时的讲话。

区域非均衡发展战略[99]。其关注点为东部沿海地区，利用沿海地区的区位优势，通过东部发达地区带动内地经济发展，进而促进沿海地区经济快速发展。"七五"计划期间，根据经济发展水平的不同，我国首次统一划分为东部、中部和西部地区。发展遵循先东部、后中部、再西部地区的顺序。区域非均衡发展战略取得了前所未有的成绩，中国经济快速发展、社会主义市场经济体制建立，形成了以东部沿海发展为重点，带动中部和西部同时发展的区域非均衡发展格局。但是，东部地区持续快速发展导致我国不同区域间的发展水平出现显著差异，区域非均衡发展带来贫富差距拉大等一系列社会问题。

2. 区域均衡发展理论

20世纪90年代，社会的主要矛盾发生转变①。为了促进经济快速、协调发展，国家政策发生转变，开始重视效率与公平双管齐下。在发展东部的同时，通过西部大开发战略推动中西部地区经济发展。2003年，党的十六届三中全会明确提出"五个统筹"发展战略，分别针对城乡发展、区域发展、经济社会发展、人与自然和谐发展、国内发展和对外开放五个方面提出了"统筹"要求[100]。区域均衡发展实践正在进一步深化。党的十八大以后，我国开始全面实施区域协调发展战略，在共建"一带一路"的同时，推进长江经济带和京津冀协同发展。与此同时，社会矛盾再次发生转变②，地区间的不均衡发展带来一系列问题。因此，学术界开始关注区域均衡发展理论的相关内容。

根据区域均衡发展理论，经济是有比例相互制约和相互支持的。其理论发展经历了新古典区域均衡发展理论和现代经济学均衡发展理论两个阶段。

新古典区域均衡发展理论认为，资本、劳动力和技术三个生产要

---

① 资料来源：1981年党的第十一届六中全会报告上指出，我国社会的主要矛盾是人民日益增长的物质文化需要同落后的社会生产之间的矛盾。

② 资料来源：党的十九大报告指出中国社会主要矛盾已经转化为人民日益增长的美好生活需要和不平衡不充分的发展之间的矛盾。

素的投入状况决定了区域经济的发展程度。生产要素为实现其最高边际报酬率在不同区域之间发生流动，具体表现为经济发展水平较低的欠发达地区，工资水平较低，因此，劳动力会向工资水平高的发达地区流动；但是资本的"逐利"特点决定了其流动方向总是趋向于由高到低[101]，因此市场经济条件下存在的要素禀赋差异和发展水平差异都会由于生产要素的自由流动实现各要素收益的平均化，各区域经济发展水平将趋于收敛。以赖宾斯坦的临界最小努力命题论、纳尔森的低水平陷阱理论、罗森斯坦·罗丹的大推进理论和纳克斯的贫困恶性循环理论为代表的古典区域均衡发展理论认为，将生产力在区域内部均衡分配、将资本在不同区域之间合理分配，能够协调部门与产业的均衡发展，最终实现区域的均衡发展[130-131]。

现代经济学均衡发展理论主要包括区域分工理论、区位理论和新经济地理条件下的经济空间均衡理论[132]。区域分工理论认为，不同区域有独特的自然资源和人力禀赋，应该着力于识别和挖掘不同区域的独特优势，与其他地区进行交换和互补，引导资源在不同区域之间自由流动，进而实现不同区域之间的均衡发展。而区位理论则是特定区域内的空间均衡理论。其核心观点是在特定区域内，不同的空间主体应该按照地理位置、交通成本等因素统筹规划，选择最佳位置及最佳经济活动组合，以实现区域内部的空间均衡。与前两者不同的是，新经济地理条件下的经济空间均衡把空间因素纳入传统经济学的一般均衡分析框架中，用以解释不同生产形式的空间集中特点，研究不同经济活动的空间分布特征，进而找到不同区域间均衡发展的策略。比较典型的是克鲁格曼将规模报酬递增和不完全竞争理论引入空间经济均衡分析，建立了"核心—边缘"区域动态均衡模型，解释了一个经济区域如何由孤立不平衡发展转变为相互关联均衡协调发展的区域系统[133]。

3. 医疗卫生基本公共服务均等化、区域协调发展与共同富裕

医疗卫生基本公共服务均等化是区域协调发展的基础，也是实现社会公平正义和全体人民共同富裕的重要内容。"共同富裕"一词最早出现在 1953 年毛泽东同志主持起草的《中共中央关于发展农业生产合作社的决议》中，毛泽东同志是"共同富裕"的最早倡导者和积极实践者。党的十八大以来，中国共产党把实现共同富裕作为社会主义本质的核心内容和中国式现代化的重要特征。

对共同富裕内涵的理解可以分为"共同"和"富裕"两部分[134-135]。其中，"富裕"是前提和基础，"共同"则限定了享受富裕的范围。首先，"富裕"的实现主要依靠生产力，所以属于生产力范畴。由于社会主义经济制度优于资本主义经济制度，所以富裕对社会主义国家的生产力发展水平提出了更高要求，主要表现为生产力的发展水平、发展速度和发展效率均超越发达国家。从这个角度看，推进共同富裕是一项长期而艰巨的工程，共同富裕的实现必须始终坚持以经济建设为中心、以高质量发展为第一要务。其次，"共同"限定了享受富裕的范围，即全体人民，属于生产关系范畴，是对共享发展理念的贯彻和落实，具体表现为全民共享、全面共享和共建共享[136-137]。

由于"富裕"属于生产力范畴、"共同"属于生产关系范畴，所以共同与富裕之间的关系可以解释成生产力与生产关系之间的关系。按照生产关系适应生产力发展的矛盾运动规律分析，实现医疗卫生基本公共服务均等化和区域协调发展要以富裕为前提，是一项长期、复杂的工程[138-139]。推进医疗卫生基本公共服务均等化和区域协调发展，最终实现共同富裕需要分阶段、分步骤进行，同时需要重视改革的作用。首先，我国仍处于并将长期处于社会主义初级阶段的事实不容忽视，推进共同富裕需要尽力而为，同时要量力而行，其重点应放在提高发展的平衡性和协调性，同时兼顾效率和公平。其次，生产力的提高和发展是渐进的过程，生产关系一定要适应生产力的发展水平，所以推进共同富裕也必须遵循循序渐进的原则，分阶段、分步骤进行，主要表现为主体循序推进、内容循序推进、区域循序推进三方面的循序推进过程。共同富裕的主体循序推进指的是要允许社会主体在发展初期拥有要素存在差异，鼓励那些具有资源优势的主体先行发展，然后带动后发展的主体共同致富；而共同富裕的内容循序推进表明应该允许全面富裕的实现存在先后顺序和渐进富裕。同时，我国的经济发展存在明显的区域差距，所以实现共同富裕不会是同步富裕，应该允许共同富裕的区域循序推进。最后，生产关系只有适应生产力发展水平时才能促进生产力发展，因此通过深化体制改革调整生产关系以实现共同富裕。

目前，我国仍处于社会主义初级发展阶段，推动城乡医疗卫生基本公共服务均等化建设并最终实现区域间协调发展仍需要长期和不懈的努力，其中，最关键的是不断发展生产力以提高"富裕"水平。

2.2.4　医疗层级衔接理论

1. 医疗层级衔接

医疗层级衔接是指将医疗服务看作一个系统并按不同标准将其拆分成几个子系统，子系统在系统整体中具有相对固定的结构与层次，彼此间既协作又干扰，既独立发挥作用，又衔接并影响其他子系统，共同构成医疗服务整体系统的形态。按照医疗层级衔接理论，医疗卫生基本公共服务体系作为一个系统，按照方向不同可划分为横向层级衔接和纵向衔接两种类型。首先，从横向层级衔接理论出发，医疗卫生基本公共服务体系按照城和乡的差异可以分为城市医疗卫生基本公共服务子系统和农村医疗卫生基本公共服务子系统；按照区域差异，医疗卫生基本公共服务体系又可以分为东部、中部和西部医疗卫生基本公共服务子系统。其次，从纵向层级衔接理论出发，医疗卫生基本公共服务系统可分为省级、市级、社区和农村医疗卫生基本公共服务子系统。

2. 医疗层级衔接理论的源头——系统论

医疗层级衔接理论源于美籍奥地利生物学家贝塔朗菲于 1937 年提出的一般系统论原理。一般系统论原理认为，任何一个研究对象都可以称为系统，针对这个系统整体的内容和功能进行具体分析，并针对系统本身、构成要素、所处环境等因素之间的相互关系及相互影响的规律进行分析[113-115]。因此，整体性、关联性、等级结构性、时序性及动态平衡性是系统的基本特征。

一般系统论的内容可概括为以下几点。一是既有元素会构成新的系统整体，但是这个整体的性质并不是所有既有元素性质的简单线性复合，而是产生了新性质。二是系统具有层次性，每一个层次的系统都由下一级若干子系统构成，同时还是上一级系统的组成部分，子系统的性质和功能很大程度决定于母系统的影响。三是系统不断与外界环境进行物质、能量和信息交换，系统所处的外部环境具有开放性是系统能够变化和发展的前提。四是系统具有与外部环境进行物质、能量和信息交换的目的性，同时具有不断演化的趋势。开放的系统会对外部环境的输入作出反应，并将这种反应输出给环境，进而影响环境；在双方相互作用下，系统趋向于某种预先确定的状态。

3. 医疗卫生基本公共服务均等化与医疗层级衔接

医疗卫生基本公共服务均等化的实现，是医疗卫生基本公共服务各个子系统相互作用、有效衔接并分别实现均等化的结果。本书针对城乡医疗卫生基本公共服务均等化的区域差异进行研究，便是按照横向层级衔接理论针对城乡子系统从区域子系统的视角对其进行交叉分析，以期通过子系统之间的相互作用和有效衔接，最终实现医疗卫生基本公共服务系统的均等化目标。

值得注意的是，每一个医疗服务子系统都与其他子系统、系统整体存在必然联系。如若遇到突发公共事件，医疗卫生基本公共服务水平低的地区和农村的基层医疗卫生机构会把需要救治者向医疗卫生基本公共服务水平高的地区转移，从而产生"外部性"效应。所以在改善医疗卫生基本公共服务水平地区差异的过程中，如果仅着力于加强建设医疗卫生基本公共服务水平偏低地区这一子系统，即便建设意愿和行为都出于正向目的，也可能会对其他子系统或整个医疗卫生基本公共服务系统产生负面影响。

2.3　本章小结

　　本章首先针对与本次研究直接相关的概念范围进行界定，主要包括城乡、基本公共服务与基本公共服务均等化、医疗卫生基本公共服务与医疗卫生基本公共服务均等化。其中，"城乡"划分标准为：地级市的市辖区为城市地区、市辖区以外的地区为农村地区；基本公共服务与基本公共服务均等化、医疗卫生基本公共服务与医疗卫生基本公共服务均等化的概念均参考《国家基本公共服务标准（2021版）》和《"十三五"推进基本公共服务均等化规划》的相关内容进行界定。其次，本章系统梳理了卫生公平理论、公共服务与公共产品理论、区域均衡发展理论与共同富裕、医疗层级衔接理论共四种基础理论。其中，卫生公平理论是原则性理论，揭示了城乡医疗卫生基本公共服务均等化实现区域协调发展的应然性和必然性；公共服务与公共产品理论则解释了国家提供医疗卫生基本公共服务的原因，而区域均衡发展理论与共同富裕理论的核心思想则指出城乡医疗卫生基本公共服务均等化向区域协调发展的终极目的以及实现区域协调发展的方式与途径；医疗层级衔接理论则可以用来分析医疗卫生基本公共服务对城乡发展、区域发展和医疗卫生事业发展的影响途径。与此同时，本章还对前人的研究成果进行了归纳和总结，相关文献主要围绕经典著作、经典理论和学派代表人物三个部分展开，从而为此后的实证分析奠定坚实的理论基础。

第3章　中国城乡医疗卫生基本公共服务均等化水平测度、分布动态与演化趋势

在理论分析的基础上，本章结合我国医疗卫生基本公共服务均等化的发展实际构建相应指标体系，以此对城乡医疗卫生基本公共服务的均等化水平与时空分布特征展开实证分析，为后续研究奠定基础。具体内容安排是：首先对熵、信息熵与熵值法进行说明，然后对指标体系构建与样本数据选择进行说明，接着测算分析中国城乡医疗卫生基本公共服务的均等化水平。在此基础上，本章分别从区域、省际以及省内三个层面对中国城乡医疗卫生基本公共服务均等化的时空变化进行分析。

3.1　中国城乡医疗卫生基本公共服务均等化水平测度

3.1.1　研究思路

本书从全国及东部、中部、西部，省际和省内三个层面对中国城乡医疗卫生基本公共服务均等化水平以及时空分布特征展开研究。从

全国及东部、中部、西部三大区域的视角对中国城乡医疗卫生基本公共服务均等化水平以及时空分布特征进行分析，是"面"的分析；从省际和省内对中国城乡医疗卫生基本公共服务均等化水平以及时空分布特征进行考察，则是"点"的分析。"点"和"面"相结合，力求全方位展示中国城乡医疗卫生基本公共服务均等化水平及其分布动态与演化趋势。

3.1.2 客观赋权重评价方法说明

本书采用熵值法测度中国城乡医疗卫生基本公共服务均等化水平。熵值法是典型的客观赋权重评价方法，它通过特定数学步骤计算熵值并得到数据的有序性，熵值不因人的主观意愿而改变。下文介绍了"熵"理论、"信息熵"思想以及熵值法测算均等化综合指数的方法和步骤。

1. 熵

"熵"的概念起源于物理学。它在物理学中的重要程度等同于热力学分支中的温度。梳理"熵"的发展历程发现，它是由德国物理学家创造出来用以衡量能量变化参数的概念，即热能除以温度所得的商，用以标志热量转化为功的程度；后来熵用以描述一种能量在空间中分布的均匀程度。

1923 年，胡刚复教授在翻译德国物理学家 I. R. 普朗克到东南大学讲学时的讲稿时，将"Entropie"翻译为"熵"。随着统计学、统计物理、信息论等一系列科学理论的不断发展，"熵"概念被广泛应用于经济学、社会学、政治学等领域，被用来度量事件不确定性的大小。当信息量少的时候，事件的不确定性大，熵就大；当信息量多的时候，事件的不确定性小，熵就小。在经济学、管理学领域，"熵"被视为一种决策的工具，熵值在判断指标离散程度的大小方面具有独特的优势，因为指标离散程度的大小决定了该指标对整体综合评价影响的大小[116]。

2. 信息熵

"信息熵"是"熵"的概念在信息论学科中的应用结果。由于信息的概念非常抽象，其数量的多少很难用语言表述清楚。于是 20 世纪 40 年代，香农（C. E. Shannon）将热力学中衡量系统混乱程度的"熵"概念应用于信息科学，用以衡量信息的多少，同时，他把信息中排除了冗余后的平均信息量称为"信息熵"，定义为离散随机事件的出现概率，用来描述信息源中可能发生的不确定性事件。因此，"信息熵"概念的提出解决了信息的量化度量问题。

具体来说，可以根据信息量与不确定性的关系来确定信息熵。指标的变异程度越小，所反映的现有信息量越少，对应的权重越低；指标的变异程度越大，所反映的现有信息量越多，对应的权重就越高。因此，信息熵是对不确定性的一种度量。不确定性越小，包含的信息就越少，所以随机事件的信息量随其发生概率递减。

在经济领域，可以针对不同指标计算其对应的信息熵，根据信息熵的结果判断该指标对整体和系统影响程度的大小，进而确定指标在整体中所占的比重[117]。

如果一个指标的相对变化程度大，那么它在该系统中所占的权重也较大；如果一个指标的相对变化程度小，那么它在该系统中所占权重也较小。信息熵计算公式如下：

$$H(X) = -\sum_{i=1}^{n} p(x_i) \log(p(x_i)) \tag{3.1}$$

其中，x_i 是随机变量 X 的取值，p 为随机事件 x_i 发生的概率。

3. 熵值法

由于信息量和不确定性之间呈反方向变动，熵值法是指使用指标内部所包含的信息量，来确定该指标在所有指标中地位的方法[118-119]，因此，熵值法又称为"熵权法"。从本质上看，熵值法是一种客观赋予权重的评价方法。之所以客观，是因为熵值的计算是通过特定的数学公式对所研究的变量的重要性进行赋值并排序，从而评价不同指标对所研究对象可能的影响。结果不会因为评价者的主观意愿而发生改变。与因子分析、主成分分析、层次分析法、优序图法、CRITIC 权重、独立性权重、信息量权重并称为八大权重计算方法。该方法具有客观性高、精确性强等优点。该方法特别适用于多对象、多指标的综合评价。

作为一种客观赋权的方法,熵值法克服了专家赋权法主观性强的弊端,能够根据原始数据信息准确反映各指标的重要性。为此,本书采用熵值法计算中国城乡医疗卫生基本公共服务均等化综合评价指数,并根据信息熵原理测度城乡医疗卫生基本公共服务均等化水平,具体的步骤[120] 如下。

第一步,对各指标进行标准化处理。为了解决不同指标之间的计量单位差异问题,我们需要对各指标值进行标准化处理。由于本次研究中医院数、医生数和床位数都是正向指标,故相应的处理方式为:

$$X_{ij} = \frac{x_{ij} - \min\{x_{1j}, \cdots, x_{nj}\}}{\max\{x_{1j}, \cdots, x_{nj}\} - \min\{x_{1j}, \cdots, x_{nj}\}} \tag{3.2}$$

其中,x_{ij} 表示 i 城市 j 指标的值。

第二步,计算 i 城市占 j 指标的比重。

$$p_{ij} = \frac{X_{ij}}{\sum\limits_{i=1}^{n} X_{ij}} \tag{3.3}$$

第三步,计算 j 指标的熵值。

$$e_i = -\frac{\sum\limits_{i=1}^{n} p_{ij}\ln(p_{ij})}{\ln(n)} \tag{3.4}$$

第四步,计算 j 指标的差异系数和权重值。

$$g_i = 1 - e_i, \quad w_i = \frac{g_i}{\sum\limits_{j=1}^{m} g_i} \tag{3.5}$$

第五步,计算城市、农村的医疗卫生基本公共服务综合指数。

$$s_i = \sum\limits_{j=1}^{m} w_i X_{ij} \tag{3.6}$$

第六步，借鉴韩增林[121]等的研究经验，引入信息熵理论[122]，测度城乡医疗卫生基本公共服务均等化水平。信息熵函数为：

$$E_s = -\left(\frac{S_C}{\sum S_C}\ln\frac{S_C}{\sum S_C} + \frac{S_R}{\sum S_R}\ln\frac{S_R}{\sum S_R}\right) \qquad (3.7)$$

其中，S_C、S_R 分别表示城市和农村的医疗卫生基本公共服务综合指数。信息熵值越大，则城乡医疗卫生基本公共服务均等化水平越高。当城市与农村的医疗卫生基本公共服务综合指数相同时，信息熵值最大，$E_{max} = \ln2$。本书以实际信息熵值与最大信息熵值的比值来衡量城乡医疗卫生基本公共服务的均等化水平。

$$E = \frac{E_s}{E_{max}} \qquad (3.8)$$

3.1.3 数据处理、区域划分与指标体系构建

1. 数据来源及处理

本书的研究数据主要包括三个部分。第一部分来自中国城市统计年鉴，该数据由国家统计局从城市层面对中国经济和社会发展情况进行统计所得，其中包括大量医疗卫生方面的统计资料，数据的准确性相对较高，在各方面具有良好的代表性。第二部分来自国民经济和社会发展统计公报，其中涉及部分民生保障的数据。第三部分针对未能补充的指标数据，我们采用线性插值法进行补齐。

需要说明的是，北京、天津、上海、重庆4个直辖市行政区划均为市辖区，不存在市辖区以外的地区，故无法测算其城乡医疗卫生基本公共服务的均等化水平，因而这4个直辖市不在本次研究范围内。此外，海南、青海、西藏、新疆4省份城市的医疗卫生领域数据多方查询无果，考虑数据的可获得性和连续性，本书也将上述4省份的城市样本剔除。经过上述整理，本书最终获得内含23省份265个地级市，样本期为2012～2020年，共计2385个观测值的平衡面板数据。

2. 区域划分及处理

区域是最早应用于地理学的空间学术概念，后来被广泛应用于行政学、社会学、经济学和管理学等多门学科及交叉学科中，其内涵伴随学科性质不断发生变化。在地理学中，区域指的是具有可重叠性和不可遗漏性的地球表面的地域单元；在行政学角度，区域被解释为具有可量性和层次性的国家管理的行政单元；在社会学领域，"区域"指的是具有共同语言、共同信仰和共同民族特点的人类社会群落；而在经济学领域，"区域"的解释受《简明不列颠百科全书》中关于"区域"定义的启发。该书将区域定义为具有内聚力的地区，其特点是"同质性"，并将该特点区别于其他相邻区域。因此，经济学研究领域的区域被解释为具有地域性、层次性、相对独立性和开放性的具备特定功能的地域空间，其经济活动相对独立，但是内部联系紧密且较为完整。

在我国，根据不同标准，区域的划分结果也不相同。根据地理和人文特点的差异，我国可划分为北方、南方、西北和青藏四个区域；基于经济政策差异、政府文件差异等，我国可划分为东部、中部、西部和东北四大区域[123]。

本书的区域划分按照《中国卫生健康统计年鉴》区域划分的方式，将全国划分为东部地区、中部地区和西部地区三大地区。其中，东部地区包括河北、广东、浙江、山东、江苏、辽宁、福建7个省份①；中部地区包括湖北、湖南、河南、黑龙江、吉林、山西、安徽、江西8个省份；西部地区包括四川、广西、甘肃、宁夏、贵州、云南、内蒙古、陕西8个省份②。

---

① 原本属于东部地区的北京、天津、上海均为直辖市，属于市辖区，不存在市辖区以外的地区，无法测算其城乡医疗卫生基本公共服务的均等化水平；原本属于东部地区的海南省，城市医疗卫生数据缺失。因此，以上省市数据被剔除。

② 原本属于西部地区的重庆为直辖市，属于市辖区，不存在市辖区以外的地区，无法测算其城乡医疗卫生基本公共服务的均等化水平；青海、西藏和新疆3省城市医疗卫生数据缺失。因此，以上省市数据被剔除。

3. 指标体系构建及说明

本节旨在测算中国城乡医疗卫生基本公共服务均等化水平，考虑到影响医疗卫生基本服务水平的主要因素包括医疗卫生服务机构、医疗卫生服务人员和医疗卫生服务设施，所以在参考基本公共服务均等化方面的相关研究后，综合考虑评价体系的科学性、全面性、综合性以及数据可获得性，选择从医院数、医生数、床位数三个方面构建医疗卫生基本公共服务指标体系（见表3-1），来评估城乡医疗卫生基本公共服务均等化水平。同时，所有指标都进行了人均化处理（每万人），原因有二：一是为了增加各地区城乡医疗卫生基本公共服务均等化水平的可比性，二是从"享受均等"的角度观察各地区城乡医疗卫生基本公共服务均等化水平现状。

表3-1　　　　城乡医疗卫生基本公共服务均等化水平评价指标体系

指标名称	指标含义	指标属性	权重	城市均值	农村均值
医院数	每万人医院数	正向	0.1642	0.5682	0.4600
医生数	每万人医生数	正向	0.3358	35.2058	15.5600
床位数	每万人床位数	正向	0.5000	74.0026	30.2756

3.1.4　中国城乡医疗卫生基本公共服务均等化水平测度与分析

基于信息熵理论和熵值法，通过测度2012~2020年中国265个城市的城乡医疗卫生基本公共服务均等化水平，并对全国及东部、中部、西部三大区域的城乡医疗卫生基本公共服务均等化水平进行均值化处理，结果如图3-1所示。从总体上看，我国的城乡医疗卫生基本公共服务均等化水平均呈现出波动上升的变化趋势。

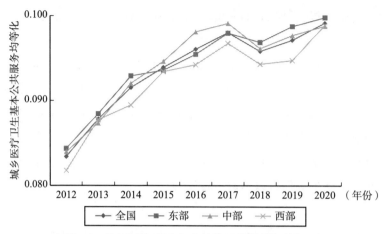

图3-1 中国城乡医疗卫生基本公共服务均等化水平

在样本考察期内，全国及东部、中部、西部三大区域的城乡医疗卫生基本公共服务均等化水平均在0.1以下，表明目前我国的城乡医疗卫生基本公共服务均等化程度较低，城市与乡村之间的医疗卫生基本公共服务供给水平存在显著差距，这主要是由于医疗卫生领域的财政经费长期向城市倾斜，导致城乡之间在此方面的差距普遍存在；从变化幅度上看，2012～2020年，全国及东部、中部、西部三大区域的城乡医疗服务均等化水平分别增加了18.85%、18.30%、17.75%和20.93%，这说明随着我国医疗卫生水平的不断提高，城乡医疗卫生基本公共服务均等化程度也在稳步提升；从区域角度来看，东部、中部、西部三大区域城乡医疗卫生基本公共服务均等化水平的绝对差异较小。其中，东部地区和中部地区的城乡医疗卫生基本公共服务均等化水平始终高于全国平均水平，西部地区的城乡医疗卫生基本公共服务均等化程度处于最低水平，显示在医疗改革和资源配置过程中，需要重视各地区在城乡医疗卫生基本公共服务均等化水平上的差异，尤其应该加强对西部地区的关注和扶持。

值得说明的是，2018年中国城乡医疗卫生基本公共服务均等化水平一度出现下降现象，这主要是由于2017～2019年，国有企业兴办的医疗卫生服务机构开始进行撤销、合并和改制，大量优质的医疗卫生资源进入当地城市基本公共服务体系，进而拉大了城乡间的差距。然而随着《"健康中国2030"规划纲要》全面实施，国务院印发《"十三五"深化医药卫生体制改革规划》，要求将基本医疗卫生制度作为公共产品向全民提供，推动医疗卫生工作重心下移以及医疗卫生资源下沉，提升基层医疗卫生体系的职业吸引力和服务能力，特别是在农村地区。在中央和各级地方政府的不懈努力下，城乡医疗卫生基本公共服务均等化水平下降的局面得以迅速扭转。

3.2　中国城乡医疗卫生基本公共服务均等化水平分布动态

为揭示中国城乡医疗卫生基本公共服务均等化水平的变化，本部分采用核密度估计方法绘制全国及东部、中部、西部三大区域城乡医疗卫生基本公共服务均等化水平的分布动态图（见图3-2），并分别从分布位置、分布形态、分布延展性以及极化程度四个方面展开具体分析。为此，有必要对 Kernel 密度估计法进行简单介绍。

3.2.1　Kernel 密度估计法

1. Kernel 密度估计法的适用性

利用密度函数能够解决由一定数量的样本点集合推断总体分布情况的问题。对密度函数进行估计，可以采用参数估计法和非参数估计法两种方法来解决。其中，参数估计法首先需要对总体分布的具体形式进行假设。计量经济学的主流分析法，因其效率高、易操作等特点，一直备受关注。但是，由于参数估计法对模型设定的依赖性强，在实际操作中经常出现与真实总体存在较大差距的现象，不一定能得到满意的分析结果。非参数估计法能够有效地避免以上缺陷。最原始的非参数估计法是画直方图，但是直方图无法将随机变量的连续性展示出来，因此，为了解决直方图的展示缺陷，得到密度函数的光滑估计[124]，罗森布拉特（Rosenblatt，1956）和帕尔兹（Parzen，1962）提出了一种典型的非参数估计方法，即核密度估计方法（Kernel density estimation），简称 Kernel 密度估计，又名 Parzen 窗（Parzen window）[125]。

Kernel 密度估计法主要包括一元 Kernel 密度函数的核估计和多元 Kernel 密度函数的核估计两种。

首先，对于一维随机变量 x，传统的 Kernel 密度估计即一元 Kernel 密度函数的核估计见式（3.9）和式（3.10）。

$$f(x) = \frac{1}{Nh} \sum_{i=1}^{N} K\left(\frac{X_i - x}{h}\right) \tag{3.9}$$

$$K(x) = \frac{1}{\sqrt{2\pi}} \exp\left(-\frac{x^2}{2}\right) \tag{3.10}$$

其中，$K(\cdot)$ 表示 Kernel 核函数，本质上是权重函数。N 表示观测值的数量，X、x 为观测值及其均值；h 表示带宽（也称为"光滑参数"），带宽越大，在 x 附近领域越大，核密度曲线越光滑，包含细节越少，估计精度越低[126]。

本书对中国城乡医疗卫生均等化水平的测度涉及23个省265个地级市，数据时间跨度长，数据量大。想要清晰展示研究数据的分布特征及其变化，绝非易事。所以本书尝试使用 Kernel 密度估计法对中国城乡医疗卫生基本公共服务水平的动态演进情况进行展示。需要特别注意的是，中国城乡医疗卫生资源分布不均受到空间因素的影响，所以在使用核密度函数进行实证分析时，必须将"空间"因素考虑进去。于是核密度估计就由一维变成了 k 维。对于 k 维随机变量 x，可以针对多维密度函数进行核估计（multivariate kernel density estimator），见式（3.11）。

$$f(x_0) = \frac{1}{nh} \sum_{i=1}^{n} K\left[(x_i - x_0)/h\right] \tag{3.11}$$

其中，$K(\cdot)$ 表示 k 维核函数，即权重函数。$K(\cdot)$ 一般是一维核函数相乘，也可以直接使用多维正态的密度函数。

其次，多元 Kernel 密度函数核估计的性质与一元情形类似。但是，在进行多维核密度估计时，容易出现"数据稀疏"现象，即在 x 附近的观测点有可能很少。具体来说，估计多维密度函数是为了估计条件密度函数，由于条件密度函数为 $g(y \mid x) = \dfrac{f(x, y)}{f(x)}$，所以如果自变量由一个 x 变为两个 x 和 y，那么就需要用到联合概率密度的估计，见式（3.12）。

$$f(x, y) = \frac{1}{Nh_x h_y} \sum_{i=1}^{N} K_x\left(\frac{X_i - x}{h_x}\right) K_y\left(\frac{Y_i - x}{h_y}\right) \qquad (3.12)$$

其中，$f(x, y)$ 表示 x 和 y 的联合概率密度。

本书在研究中国城乡医疗卫生基本公共服务水平的分布格局及动态变化时，使用多元多维密度函数进行核估计以方便进行多维分析，能够更全面、更直观地展示空间因素干扰下的中国城乡医疗卫生基本公共服务均等化的分布格局和动态变化情况。

2. Kernel 密度估计散点图

通过软件 stata，使用 Kernel 密度估计法对大量样本数据进行处理，可以得到散点图，线性回归线、核密度回归线等多种结果。本书通过 Kernel 密度散点图的方法展示 2012 ~ 2020 年不同区域城乡医疗卫生基本公共服务均等化的分布动态。对散点图的分析需要从多个角度，如"波峰"高低、"波峰"个数、Kernel 曲线形状及移动距离、分布形态（是否有拖尾）等进行综合考虑。

首先，要关注"波峰"。波峰数量的多少及数量的变化可以用来描述数据的极化程度。"波峰"位置越高，此处数据越"密集"；如果出现"多峰"，且多峰形态明显，则说明出现了多极分化现象；如果出现双峰向单峰过渡，则说明两极分化现象在逐渐减弱。

其次，关注 Kernel 曲线的形状及移动距离。如果出现扁而宽的核密度曲线（峰值降低、宽度加大），则表示不同区域之间的差异在变大；如果出现高而窄的核密度曲线（峰值增高、宽度变小），则表示不同区域之间的差异在缩小。如果 Kernel 密度曲线向左移动，则代表被测度因素的水平不断降低；如果 Kernel 密度曲线向右移动，则代表被测度因素的水平不断提高。

最后，关注 Kernel 密度曲线的分布形态。如果曲线出现右拖尾且拖尾拉长，说明分布延展性拓宽，区域之间的差异逐步扩大；反之则地区间差距呈缩小态势，存在动态收敛性特征。

3.2.2　全国及东部、中部、西部城乡医疗卫生基本公共服务均等化水平分布动态

利用 Kernel 密度估计法对 2012～2020 年所有数据进行处理，绘制了图 3-2 所示的全国及三大区域城乡医疗卫生基本公共服务均等化水平的分布动态图。

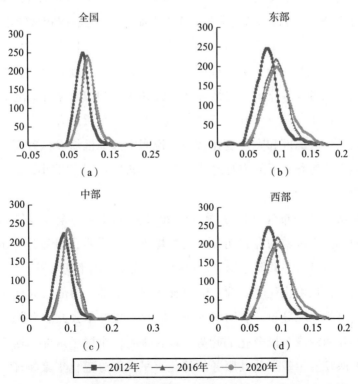

图 3-2　中国城乡医疗卫生基本公共服务均等化水平的演化趋势

上面四幅图中，黑色实点代表 2012 年全国、东部、中部和西部地区的城乡医疗卫生基本公共服务均等化水平；深灰色实点代表 2016 年全国、东部、中部和西部地区的城乡医疗卫生基本公共服务均等化水平；浅灰色代表 2020 年全国、东部、中部和西部地区的城乡医疗卫生基本公共服务均等化水平。针对上面四幅不同区域的 Kernel 密度图，下面分别从分布位置、分布形态、分布延展性以及极化程度四个方面展开具体分析。

首先，从分布位置来看，2012～2020 年，全国及东部、中部、西部三大区域的城乡医疗卫生基本公共服务均等化水平分布的波峰位置和中值全部向右移动。这表明 2012～2020 年我国城乡医疗卫生基本公共服务均等化水平全部呈现持续向好的态势。其中，东部地区和西部地区的右移幅度相对较大，说明东部地区和西部地区的城乡医疗卫生基本公共服务均等化程度改善较为明显，而中部地区的改善状况相对较差。

其次，从分布形态来看，全国、东部和西部地区分布的波峰高度不断下降，宽度逐渐扩大，说明全国、东部和西部地区城乡医疗卫生基本公共服务均等化水平的绝对差异在 2016～2020 年均呈现出持续扩大趋势；而中部地区 2012～2016 年波峰高度不断提升，宽度不断缩小，随后波峰高度和宽度变化较小，说明中部地区城乡医疗卫生基本公共服务均等化水平的绝对差异在 2012～2016 年持续缩小，此后便趋于稳定。

再次，从分布延展性来看，在 2012～2020 年，全国及东部、中部、西部三大区域均存在明显的右拖尾现象，说明我国部分城市的城乡医疗卫生基本公共服务均等化程度显著高于全国平均水平。

最后，从极化程度来看，全国及东部、中部、西部三大区域均呈现出明显的单峰分布，表明中国城乡医疗卫生基本公共服务均等化水平不存在两极或多极分化的趋势。综合来看，全国、东部和西部地区的城乡医疗卫生基本公共服务均等化水平具有分散化集聚特征，而中部地区的城乡医疗卫生基本公共服务均等化水平主要表现为聚合性区域集聚特征。

3.3 中国城乡医疗卫生基本公共服务均等化水平的省际演化趋势

前面从"面"的角度揭示全国及东部、中部、西部三大区域城乡医疗卫生基本公共服务均等化的分布动态，本部分从"点"切入，进一步从省际和省内层面考察中国城乡医疗卫生基本公共服务均等化的演化趋势。

如表 3-2 所示，整体上，不同省份的城乡医疗卫生基本公共服务均等化水平存在显著差异。从均等化水平来看，2012～2020 年中国不同省份城乡医疗卫生基本公共服务均等化的平均值为 0.095，均值高于整体水平的省份有 12 个，其中湖南、浙江、山西、辽宁、河北排在前五位，这些省份的城乡医疗卫生基本公共服务均等化水平相对较高。均值低于整体水平的省份有 11 个，其中广西、江西、湖北、宁夏和甘肃排在后五位，这些省份城乡医疗卫生基本公共服务均等化水平相对较低。

表 3-2　　省际城乡医疗卫生基本公共服务均等化的演化趋势

省份	2012 年	2013 年	2014 年	2015 年	2016 年	2017 年	2018 年	2019 年	2020 年	均值
广西	0.078	0.077	0.081	0.081	0.082	0.083	0.074	0.076	0.080	0.079
江西	0.077	0.080	0.086	0.086	0.086	0.090	0.083	0.084	0.078	0.083
湖北	0.073	0.078	0.088	0.090	0.093	0.095	0.086	0.089	0.089	0.086
宁夏	0.083	0.085	0.086	0.088	0.093	0.097	0.092	0.094	0.096	0.090
甘肃	0.078	0.086	0.086	0.091	0.092	0.097	0.093	0.095	0.101	0.091
四川	0.080	0.086	0.089	0.093	0.095	0.094	0.091	0.093	0.096	0.091
贵州	0.073	0.081	0.091	0.096	0.095	0.089	0.090	0.093	0.117	0.091

省份	2012 年	2013 年	2014 年	2015 年	2016 年	2017 年	2018 年	2019 年	2020 年	均值
福建	0.082	0.087	0.093	0.096	0.097	0.098	0.093	0.095	0.098	0.093
安徽	0.086	0.088	0.091	0.094	0.097	0.097	0.094	0.096	0.099	0.093
吉林	0.088	0.091	0.093	0.097	0.100	0.104	0.098	0.105	0.071	0.094
广东	0.092	0.095	0.094	0.095	0.095	0.098	0.095	0.097	0.098	0.095
陕西	0.084	0.089	0.091	0.102	0.100	0.102	0.099	0.098	0.105	0.096
山东	0.087	0.094	0.098	0.098	0.099	0.101	0.097	0.098	0.101	0.097
云南	0.080	0.096	0.096	0.096	0.092	0.105	0.100	0.101	0.109	0.097
江苏	0.079	0.086	0.090	0.092	0.095	0.099	0.095	0.098	0.152	0.098
河南	0.082	0.085	0.092	0.095	0.097	0.096	0.094	0.097	0.152	0.098
黑龙江	0.084	0.089	0.093	0.097	0.109	0.104	0.104	0.104	0.108	0.099
内蒙古	0.094	0.102	0.103	0.105	0.107	0.107	0.106	0.107	0.065	0.099
河北	0.092	0.093	0.101	0.102	0.101	0.101	0.101	0.105	0.106	0.100
辽宁	0.089	0.092	0.099	0.096	0.099	0.101	0.097	0.103	0.130	0.100
山西	0.101	0.102	0.104	0.105	0.107	0.105	0.094	0.101	0.102	0.102
浙江	0.092	0.095	0.099	0.102	0.108	0.113	0.112	0.115	0.118	0.106
湖南	0.100	0.107	0.109	0.112	0.117	0.124	0.118	0.120	0.134	0.115

注：表内数据由式（3.7）和式（3.8）计算所得。

从演变趋势看，中国省际城乡医疗卫生基本公共服务均等化水平总体呈现出波动上升的趋势，其中云南、辽宁、贵州、河南、江苏5省增长幅度较大。城乡医疗卫生基本公共服务均等化水平增幅分别为35.73%、46.28%、59.23%、85.46%、92.59%。需要注意的是，经济发展水平并不是城乡医疗卫生基本公共服务均等化水平的唯一决定因素，例如广东省的经济发展水平较高，而城乡医疗卫生基本公共服务均等化水平却相对靠后，这主要是由于广东省的城市医疗卫生基本公共服务明显优于其他省份，而农村医疗卫生基本公共服务并未表现出类似的领先优势，才造成其城乡医疗卫生基本公共服务均等化程度相对较低。

3.4　本章小结

　　本章首先对研究思路、客观赋权重评价方法、数据处理及指标体系构建进行了阐述，在此基础上，对中国城乡医疗卫生基本公共服务的均等化水平进行测度。其次，分析了我国东部、中部、西部三大区域、省际以及省内的城乡医疗卫生基本公共服务均等化水平的时空变化，得到如下结论。

　　第一，在均等化水平方面，中国城乡医疗卫生基本公共服务均等化水平依然较低。2012～2020年，虽然中国城乡医疗卫生基本公共服务均等化程度在稳步提升，但是，全国及东部、中部、西部三大区域的城乡医疗卫生基本公共服务均等化水平均在0.1以下。这表明目前城市与农村之间的医疗卫生基本公共服务供给水平依然存在显著差距。从区域角度看，虽然东部、中部、西部三大区域的城乡医疗卫生基本公共服务均等化水平的绝对差异并不大，但是东部地区和中部地区的城乡医疗卫生基本公共服务均等化水平始终高于全国平均水平，而西部地区的城乡医疗卫生基本公共服务均等化水平最低，始终低于全国平均水平。

　　第二，在时空分布特征方面，近十年中国城乡医疗卫生基本公共服务均等化水平全部呈现持续向好的态势，其中东部地区和西部地区的城乡医疗卫生基本公共服务均等化水平改善最为明显。但是，在2012～2016年，全国、东部地区和西部地区城乡医疗卫生基本公共服务均等化水平的绝对差异呈现出持续扩大趋势，仅中部地区城乡医疗卫生基本公共服务均等化水平的绝对差异在此时间段内持续缩小，此后便趋于稳定。另外，中国部分城市的城乡医疗卫生基本公共服务均等化水平显著高于全国平均水平。同时，中国城乡医疗卫生基本公共服务均等化水平不存在两极或多极分化的趋势，其中全国、东部和西部地区的城乡医疗卫生基本公共服务均等化水平呈现分散化集聚特征，而中部地区的城乡医疗卫生基本公共服务均等化水平主要表现为聚合性区域集聚特征。

第三，在省际演化趋势方面，不同省份的城乡医疗卫生基本公共服务均等化水平存在显著差异，但总体趋势呈现波动上升的趋势。实证分析结果显示，2012～2020年，中国不同省份城乡医疗卫生基本公共服务均等化水平的平均值为0.095，均值高于整体水平的省份有12个，其中湖南、浙江、山西、辽宁和河北排在前五位；均值低于整体水平的省份有11个，其中广西、江西、湖北、宁夏、甘肃排名靠后。值得注意的是，广东省的经济发展水平较高，而城乡医疗卫生基本公共服务均等化水平排名却相对靠后，这主要是由于广东省的城市医疗卫生基本公共服务明显优于其他省份，而农村医疗卫生基本公共服务并未表现出类似的领先优势，导致其城乡医疗卫生基本公共服务均等化水平相对较低。

以上分析为下面针对区域差异及差异来源、区域差异的收敛性研究奠定了基础。

第4章 中国城乡医疗卫生基本公共服务均等化的区域差异及差异来源

中国城乡医疗卫生基本公共服务均等化存在显著区域差异，全国及东部、中部、西部三大区域城乡医疗卫生基本公共服务的均等化水平呈现出不同特点。为此，分析中国城乡医疗卫生基本公共服务的空间差异，并探寻其差异的成因是改善中国医疗卫生基本公共服务不均等状态的关键所在。鉴于此，本章采用 Dagum 基尼系数及其分解法，将中国城乡医疗卫生基本公共服务均等化差异分解为区域内差异、区域间差异和区域间超变密度三部分，然后针对全国及东部、中部、西部三大区域城乡医疗卫生基本公共服务均等化的具体情况进行分析，揭示导致中国城乡医疗卫生基本公共服务均等化差异的原因。

4.1 Dagum 基尼系数及其分解法

研究不平等问题的关键是选取能够客观并相对准确地度量不平等的方法。相关文献表明，不平等的度量方法主要有统计度量法、公理法和福利分析法三种。其中，统计度量法主要包括极差（率）法、相对均值偏差法、方差法或标准差法、变异系数法、对数的标准差法、洛伦兹曲线、基尼系数以及泰尔的熵指数等方法。其中，最常用的方法是基尼系数法和泰尔指数法。基尼系数法①是意大利经济学家基尼在洛伦兹曲线的基础上提出的分析方法,是用于评价分配公平程度的广义分析工具。这种方法对所涉及变量中等水平的变动情况特别灵敏,能够避免只关注均值差异的片面性,统计学最先被用于研究收入分配问题,后来扩展到用于分析一切有关分配和均衡程度的问题,目前已成为广泛使用的统计度量方法。但是基尼系数法存在明显的缺点,即不具备可分解性,无法确定总体基尼系数、组间基尼系数和组内基尼系数之间的关系。而泰尔指数法②不但能够弥补基尼系数的缺点,而且能够度量组间差距和组内差距对总差距的贡献,是唯一一种可分解的用于测量不平等程度的指数。与基尼系数不同,它对上层收入的变化非常敏感,其缺点在于,从本质上看只是一种公式的构造结构,完全没有直观性。

综上所述,最常用的基尼系数法和泰尔指数法都存在不可避免的缺陷,更重要的是,使用这两种分析方法进行不平等程度测算都需要先进行较为苛刻的假设,限定分组样本之间不能存在交叉和重叠部分,因此,忽略了对样本之间交叉重叠问题的考察。同时,总指数很难分解成可以用经济学语言解释清楚的若干个子指数[127]。

针对上述研究方法的不足,Dagum 于 1997 年提出了改进方法,该方法被称为 Dagum 基尼系数。Dagum 基尼系数克服了传统基尼系数和泰尔指数的各种缺点,能够将样本的整体差异分解为组内差异、组间净差异和组间超变密度三部分,是一种用于分析地区差异的方法。Dagum 基尼系数及其分解法最初多被用来分析经济发展差距和居民收入差距;后来被广泛应用于消费、要素市场、环境等需要进行区域差异测算的各个领域。从区域差异的研究角度来看,Dagum 基尼系数及其分解法可以针对计算出来的总指数进行分解,将整体之间的差异分

---

① 联合国开发计划署等组织对基尼系数的取值范围规定为 [0, 1],且数值越大,不公平程度越高。当基尼系数为 0 时,表示绝对公平;当基尼系数为 1 时,表示绝对不平等。

② 泰尔指数法,是泰尔熵指数度量方法的简称,最早源于信息论,用来衡量平均信息。

解为区域内差异、区域间差异和区域间超变密度①[128]。

下面依据 Dagum[129] 提出的将基尼系数按子群分解的思想分解中国城乡医疗卫生基本公共服务均等化的区域差异。

总体基尼系数 = 子群内差异对总体基尼系数的贡献 + 子群间差异对基尼系数的贡献 + 超变密度的贡献，因此，总体基尼系数 G 可以分解为区域内差异贡献（G_w）、区域间差异贡献（G_{nb}）和超变密度贡献（G_t）[130-131]。即：

$$G \equiv G_w + G_{nb} + G_t \tag{4.1}$$

首先，在子群内部基尼系数和子群之间基尼系数的基础上推算出区域内差异贡献（G_w）、区域间差异贡献（G_{nb}）。因为子群内部基尼系数和子群之间基尼系数分别为：

$$G_{jj} = \frac{\sum_{i=1}^{nj} \sum_{r=1}^{nh} |y_{ji} - y_{jr}|}{2\bar{u}_j n_j^2} \tag{4.2}$$

$$G_{jh} = \frac{\sum_{i=1}^{n_j} \sum_{r=1}^{n_h} |y_{ji} - y_{hr}|}{n_j n_h (u_j + u_h)} \tag{4.3}$$

式（4.3）中，j、h 表示两个区域，n_j、n_h 表示区域内城市的数量，y_{ji}、y_{hr} 分别表示 j 区域内第 i 个城市、h 区域内第 r 个城市的城乡医疗卫生基本公共服务均等化水平，u_j、u_h 表示相应区域内城乡医疗卫生基本公共服务均等化水平的均值。

由式（4.2）和式（4.3）可以得到区域内差异贡献（G_w）和区域间差异贡献（G_{nb}）分别表示为：

$$G_w = \sum_{j=1}^{k} G_{jj} p_j s_j \tag{4.4}$$

$$G_{nb} = \sum_{j=1}^{k} \sum_{h \neq j} G_{jh} p_j s_h D_{jh} \tag{4.5}$$

① 区域间的超变密度，是指对总体划分子群体时，由于区域间存在重叠而产生交叉项，此交叉项对总体差距产生的贡献即超变密度。

63

假设该样本总体划分为 k 个区域，则总体基尼系数 G 表示为区域内差异贡献（G_w）、区域间差异贡献（G_{nb}）和超变密度贡献（G_t）的和。即

$$G = \sum_{j=1}^{k} G_{jj} p_j s_j + \sum_{j=1}^{k} \sum_{h\neq j} G_{jh} p_j s_h D_{jh} + \sum_{j=1}^{k} \sum_{h\neq j} G_{jh} p_j s_h (1 - D_{jh}) \quad (4.6)$$

式中，p_j 表示 j 区域城市数量占样本容量的比例，s_h 表示 h 区域城乡医疗卫生基本公共服务均等化水平值占样本城市城乡医疗卫生基本公共服务均等化水平值总和的比例。G_{jj} 表示 j 区域的内部基尼系数，G_{jh} 表示 j 区域与 h 区域之间的基尼系数，D_{jh} 表示 j 区域与 h 区域的相对影响，具体计算如下所示：

$$D_{jh} = \frac{d_{jh} - p_{jh}}{d_{jh} + p_{jh}} \quad (4.7)$$

$$d_{jh} = \int_0^\infty \mathrm{d}F_j(y) \int_0^y (y - x)\,\mathrm{d}F_h(x) \quad (4.8)$$

$$p_{jh} = \int_0^\infty \mathrm{d}F_h(y) \int_0^y (y - x)\,\mathrm{d}F_j(x) \quad (4.9)$$

式中，d_{jh} 表示区域间城乡医疗卫生基本公共服务均等化水平的差值，是区域 j 和 h 中所有 $y_{ji} - y_{hr} > 0$ 汇总的数学期望，p_{jh} 表示区域 j 和 h 之间的超变一阶矩，是区域 j 和 h 中所有 $y_{hr} - y_{ji} > 0$ 汇总的数学期望，$F_j(F_h)$ 表示区域 $j(h)$ 城乡医疗卫生基本公共服务均等化水平的累积分布函数。

4.2　中国城乡医疗卫生基本公共服务均等化差异现状

本部分对中国城乡医疗卫生基本公共服务均等化差异现状的分析是从 23 个省份入手，包含河北、广东、浙江、山东、江苏、辽宁、福建共计 7 个省份的东部地区，包含湖北、湖南、河南、黑龙江、吉林、

山西、安徽、江西共计 8 个省份的中部地区和包含四川、广西、甘肃、宁夏、贵州、云南、内蒙古、陕西共计 8 个省份的西部地区，并从总体差异、区域内差异和区域间差异三个维度出发，力求更加全面、精准地描述中国城乡医疗卫生基本公共服务均等化的区域差异特点。

4.2.1　中国城乡医疗卫生基本公共服务均等化的总体差异

中国城乡医疗卫生基本公共服务均等化的总体差异是指全国范围内各个城市之间的城乡医疗卫生基本公共服务均等化水平的差异情况。

由图 4 - 1 可知，在 2012 ~ 2020 年，中国城乡医疗卫生基本公共服务均等化的总体差异呈现从小幅递减到水平波动两阶段变化趋势，基尼系数由 0.1094 下降到 0.1039，降低了 0.0055，其降幅为 5.03%，这说明中国城乡医疗卫生基本公共服务均等化的空间差异下降幅度较小；同时，其基尼系数大体维持在 0.10 ~ 0.11，这说明整体上我国城乡医疗卫生基本公共服务均等化的空间差异并不明显[1]。究其原因，一方面，相较于农村地区，中国大部分城市都具有明显的医疗卫生资源优势。尤其是近年来，中国城镇化建设速度加快，城市经济发展水平、基础设施和生活条件不断提高[104]，资金和人口持续向城市流动，优质医疗卫生资源向城市集聚，这种情况导致全国各地城乡医疗卫生基本公共服务的差距都比较大。另一方面，从数值上看，西部地区城市和农村的医疗卫生基本公共服务水平都相对较低，而东部、中部地区城市和乡村的医疗卫生基本公共服务水平都相对较高，这也是中国城乡医疗卫生基本公共服务均等化总体差异不大的重要原因。在变化趋势方面，2012 ~ 2014 年为下降阶段，基尼系数由 0.1094 下降到 0.1013，下降了 0.0081，降幅为 7.40% ；2015 ~ 2020 年为水平波动阶段，基尼

---

① 一般而言，基尼系数低于 0.2 就显示不存在明显差别。如果按照此标准，中国城乡医疗卫生基本公共服务均等化的总体差距较小。

系数在样本期内整体变化不大。其中，2017 年基尼系数出现了样本期内最小值，具体为 0.0975。

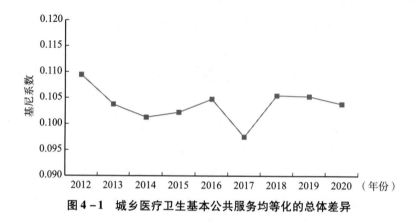

图 4 - 1　城乡医疗卫生基本公共服务均等化的总体差异

4.2.2　中国城乡医疗卫生基本公共服务均等化的区域内差异

中国城乡医疗卫生基本公共服务均等化的区域内差异指的是东、中、西部三大区域内部各城市间的城乡医疗卫生基本公共服务均等化水平的差异情况。

图 4 - 2 为 2012 ~ 2020 年中国三大区域城乡医疗卫生基本公共服务均等化的区域内差异。从基尼系数数值上看，西部地区的区域内差异最大，均值为 0.1121，除 2014 年外，在样本期内均高于全国总体水平（0.1037），这表明西部地区城乡医疗卫生基本公共服务均等化的区域内差异问题尤为突出；中部地区次之，基尼系数的均值为 0.1026，与全国总体水平相差不大；东部地区的区域内差异最小，基尼系数的均值为 0.0950，在样本期内均低于全国总体水平。城乡医疗卫生基本公共服务均等化程度受经济发展、人口密度和城镇化进程等多重因素的影响，西部地区经济发展和城镇化进程都相对落后，且各城市的人口密度差异较大，优质的医疗卫生资源更是集中在几个大型城市，造成

西部地区的区域内差异较大。

从演变趋势来看，东部地区的区域内差异呈波动上升的态势，基尼系数由 0.0916 增长到 0.1025，上升了 0.0109，增幅为 11.90%；中部地区的区域内差异呈现快速下降的趋势，其基尼系数由 0.1163 下降至 0.0937，降幅高达 19.43%；西部地区的区域内差异呈现稳步下降的态势，其基尼系数由 0.1177 下降至 0.1159，降幅仅为 5.19%。综上所述，中部地区和西部地区的城乡医疗卫生基本公共服务均等化空间非均衡问题得到部分改善，特别是中部地区尤为明显，而东部地区的城乡医疗卫生基本公共服务均等化空间非均衡程度出现了增强的现象，这可能是因为东部地区优质的医疗卫生资源进一步向城市地区集聚，从而导致其非均衡程度显著加剧。

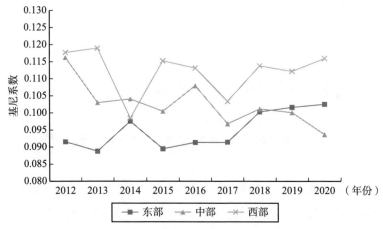

图 4 - 2　城乡医疗卫生基本公共服务均等化的区域内差异

4.2.3　中国城乡医疗卫生基本公共服务均等化的区域间差异

中国城乡医疗卫生基本公共服务均等化的区域间差异是指东部与西部之间、东部与中部之间、中部与西部之间的城市的城乡医疗卫生基本公共服务均等化水平的差距。

图 4 - 3 为 2012 ~ 2020 年中国城乡医疗卫生基本公共服务均等化的区域间差异。从数值上看，中部地区与西部地区间的差异最大，东部地区与西部地区间的差异次之，东部地区与中部地区间的差异最小，它们的基尼系数的均值分别为 0. 1084、0. 1051 和 0. 0995。由此可见，西部地区与其他地区间的城乡医疗卫生基本公共服务均等化差异较大。

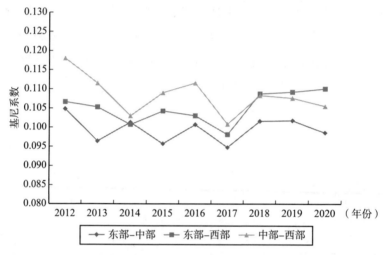

图 4 - 3　城乡医疗卫生基本公共服务均等化的区域间差异

从演变趋势来看，东部地区与中部地区间的差异呈水平波动的态势，在样本期内基尼系数围绕均值 0. 0995 上下波动。东部地区与西部地区间的差异呈"波动下降—波动上升"两阶段变化态势，整体呈小幅上升趋势。其中，2012 ~ 2017 年表现为波动下降，2017 年之后则出现上升趋势。中部地区与西部地区间的差异呈波动下降趋势。在样本期内基尼系数由 0. 1180 下降到 0. 1056，下降了 0. 0124，降幅为 10. 51%。从整体上看，中国城乡医疗卫生基本公共服务均等化的区域间差异存在不同的变化趋势，而西部地区与东中部地区的区域间差异相对明显，显示西部地区对农村医疗卫生基础公共服务体系的支持力度相对有限，使得西部地区与其他地区在城乡医疗卫生基本公共服务均等化方面的差距依然比较大。

4.3　中国城乡医疗卫生基本公共服务均等化差异来源及贡献

在对中国城乡医疗卫生基本公共服务均等化的总体差异、区域内差异和区域间差异进行具体分析后，下面运用表4-1进一步对区域内差异、区域间差异和超变密度的贡献率进行比较分析。

表4-1　　城乡医疗卫生基本公共服务均等化差异来源及其贡献

年份	区域内差异		区域间差异		超变密度	
	差异	贡献率（%）	差异	贡献率（%）	差异	贡献率（%）
2012	0.036	33.33	0.007	6.08	0.066	60.60
2013	0.035	33.25	0.003	2.70	0.066	64.05
2014	0.034	33.27	0.008	7.97	0.060	58.77
2015	0.034	33.18	0.003	2.86	0.065	63.96
2016	0.035	33.37	0.009	8.68	0.061	57.96
2017	0.033	33.34	0.005	5.52	0.060	61.14
2018	0.035	33.19	0.006	5.67	0.064	61.14
2019	0.035	33.11	0.009	8.58	0.061	58.31
2020	0.034	33.16	0.002	2.19	0.067	64.65

注：表内数据由式（4.5）、式（4.6）和式（4.7）计算所得。

表4-1为2012~2020年中国城乡医疗卫生基本公共服务均等化的差异来源及其贡献。从演变趋势上看，区域内差异贡献率、区域间差异贡献率以及超变密度贡献率在样本期内变化不大，都围绕均值呈现

水平波动趋势[105-106]。

从贡献程度上看，超变密度贡献最大，其贡献率均值高达61.18%，变动区间为57.96%~64.65%，这说明超变密度是中国城乡医疗卫生基本公共服务均等化差异的主要来源；区域内差异次之，其贡献率均值为33.24%，变动区间为33.11%~33.37%；区域间差异的贡献最低，贡献率均值仅为5.58%，变动区间为2.19%~8.68%。因此，缓解中国城乡医疗卫生基本公共服务均等化的总体差异问题，需要从超变密度出发，着重解决城乡医疗卫生基本公共服务均等化水平较低地区中的均等化程度较高城市与城乡医疗卫生基本公共服务均等化水平较高地区中的均等化程度较低城市共同存在的问题，促进各地区城乡医疗卫生基本公共服务均等化协调发展。

4.4 本 章 小 结

本章旨在探究中国城乡医疗卫生基本公共服务均等化差异及差异来源。通过 Dagum 基尼系数及其分解法对中国城乡医疗卫生基本公共服务均等化的总体差异、区域内差异和区域间差异进行具体分析，并在此基础上对比研究区域差异来源及贡献。本部分主要得出以下结论。

首先，总体差异分析结果显示，中国城乡医疗卫生基本公共服务均等化呈现小幅递减—水平波动两阶段变化趋势，整体空间差异并不明显。

其次，区域内差异分析结果显示，西部地区的区域内城乡医疗卫生基本公共服务均等化差异最大，中部地区的区域内城乡医疗卫生基本公共服务均等化差异次之，东部地区的区域内城乡医疗卫生基本公共服务均等化差异最小。

再次，区域间差异分析结果显示，中部地区与西部地区之间的城乡医疗卫生基本公共服务均等化的差异最大，东部地区与西部地区之间的城乡医疗卫生基本公共服务均等化的差异次之，东部地区与中部地区之间的城乡医疗卫生基本公共服务均等化差异最小。

最后，本书通过对区域差异来源及贡献进行分析发现，超变密度对中国城乡医疗卫生基本公共服务均等化差异的贡献最大，其贡献率均值高达61.18%。因此，缓解中国城乡医疗卫生基本公共服务均等化的总体差异问题，需要从超变密度出发，着重解决城乡医疗卫生基本公共服务均等化水平较低地区中的均等化程度较高城市与城乡医疗卫生基本公共服务均等化水平较高地区中的均等化程度较低城市两者共同存在的问题，以促进各地区城乡医疗卫生基本公共服务均等化和协调发展。

第5章 中国城乡医疗卫生基本公共服务均等化区域差异的历史和现实原因分析

相关研究表明，造成中国城乡医疗卫生基本公共服务均等化差异的主要原因包括国家相关政策变化与调整、基础性条件差异、医疗保障体系建设与发展和公共财政体制演进及改革。因此，本章从历史和现实角度出发，系统分析造成中国城乡医疗卫生基本公共服务均等化差异的原因，以期为下面提出精准改善中国城乡医疗卫生基本公共服务均等化差异的思路和政策建议搭建框架。

5.1 国家相关政策变化与调整

国家大政方针是我国医疗卫生服务事业发展的根本遵循，国家政策决定各地医疗卫生资源配置的基本模式。从纵向历史视角来看，我国医疗卫生服务政策的变化可分为集中力量发展城市医疗卫生服务、集中力量发展东部沿海城市医疗卫生服务、公益回归和注重全民公平四个历史阶段。因此，我国医疗卫生事业发展以及医疗卫生资源配置受到国家政策影响，经历了从城乡二元结构下的低水平、广覆盖医疗卫生服务体系，到市场经济体制下医疗卫生服务的城乡和区域差距凸显，再到医疗卫生服务公益性回归和以人民健康为中心的城乡医疗卫生基本公共服务区域协调发展的进程。

5.1.1 集中力量发展城市的政策制定

1949～1978 年，国家实行计划经济体制，相关政策引导有限财力集中构建全民医疗卫生服务体系，医疗卫生资源向城市倾斜，城乡二元结构下的低水平、广覆盖医疗卫生服务体系建立。

1. 城乡二元结构的确立

20 世纪 50 年代，国家同时面临国内生产力低下和西方国家政治孤立、经济封锁的双重压力，当时的主要任务是快速振兴经济，对内保障民生、对外增强国际竞争力。为此，党和国家开始执行计划经济制度，统一布局和调整生产力，组织大规模集体协作，集中资源发展重工业，从而避免了经济发展初级阶段极易出现的大规模失业现象。

为了高效集中全社会资源优先发展重工业以促进经济的全面发展，国家政策开始向城市倾斜，按照"城市先于农村"的发展思想，实行"城乡分治"。为此，国家出台一系列"以农养工""以乡养城"政策，以农业补贴工业的方式将尽量多的资源投入到经济建设中去。1954 年出台的《户口登记暂行办法（草案）》将居民分为农业户口和非农业户口两种不同户籍，确立了城乡二元户籍制度。随后下发的《关于制止农村人口盲目外流的指示》《中华人民共和国户口登记条例》和《公安部关于处理户口迁移的规定》等一系列政策在城乡二元户籍制度的基础上，执行二元行政管理制度和二元土地管理制度。这些制度将人民群众人为分割成城市人口和农村人口两类，严格限制农村人口向城市流动，以确保城市优先获得社会资源和发展机会，由此，城市和农村不对等发展的二元经济社会结构确定。从此，城市和农村成为各自封闭的发展单位，生产要素流动受到严格限制，非农业户口人口享受更多特权和福利。所以，中国的城乡二元结构不仅是历史遗留下来的自然空间结构差异，还是国家政策主导下的制度差异。

随着时间的推移，这种曾经有益于经济短期内快速发展的城乡二元结构，使经济和社会结构、城乡关系等呈现出明显的城乡二元化特点，后来成为扩大城乡差距、限制我国经济和社会发展的严重壁垒。

2. 低水平、广覆盖医疗卫生服务体系的建立

中华人民共和国成立初期百废待兴，多种疫病肆虐，医疗卫生资源极度匮乏，医疗卫生服务水平低下。根据相关资料记载，这一时期全国人口每年死于鼠疫、天花、痢疾等可预防性传染病的人数达到一亿四千万，死亡率在千分之三十以上。但是，当时全国上下仅拥有各类医疗卫生机构 3670 家、床位数 8.5 万张，执业（助理）医师数（每万人）仅有 7 人[143]；农村医疗卫生服务状况更为堪忧。面对落后的医疗卫生条件，为了改善人民群众的健康状况，党和政府按照"哪里有人民，哪里就有医疗机构"① 的原则建立国家卫生防疫网络，开展爱国卫生运动，同时提出以农村为重点建设覆盖城乡的卫生服务网络和医疗保障制度。

1949 年，中央人民政府卫生部成立②。次年，卫生部召开第一届全国卫生工作会议，毛泽东同志在会议中指出要"团结新老中西各部分医药卫生人员，组成巩固的统一战线，为开展伟大的人民卫生工作而奋斗③"[144-145]。基于当时城乡二元结构明显的实际情况，国家在城市和农村制定了不同的医疗保障制度，同时，按照保障对象、实施主体不同又存在制度性分割，最终，国家分别建立了城市以企业职工劳保医疗制度和机关事业单位职工公费医疗制度为主、农村以合作医疗

---

① 1944 年，毛泽东同志在《在延安大学开学典礼上的讲话》中曾提出："每个乡要有一个小医务所，边区一共一千个乡，一百五十万人里头找出一千个人来学医，学他四个月、一年也好，然后到医务所当医生。"1950 年，周恩来同志提出："人民政府决定在最近几年内在每个县和区建立起卫生工作机关，以便改进中国人民长时期的健康不良状况。"同年，刘少奇同志提出："要把医疗网散布起来，哪里有人民，哪里就有医疗机构，以便于人民治病。"

② 中央人民政府卫生部是根据 1949 年 9 月 27 日中国人民政治协商会议第一届全体会议通过的《中华人民共和国中央人民政府组织法》第十八条规定，于 1949 年 10 月 1 日设置的一个中央人民政府政务院部门。

③ 资料来源：毛泽东同志在卫生部召开的第一届全国卫生工作会议上的讲话。

制度为主的医疗卫生保障体系。1965 年，毛泽东同志提出把医疗卫生工作重点下沉至农村，建立赤脚医生制度服务农村和农民，作为农村医疗卫生服务体系的补充。到 20 世纪 70 年代末，党和国家在经济发展水平依然非常低的情况下，建立了兼顾城乡、覆盖省、市和县的公立医院网络。

这个时期，医疗卫生基本公共服务事业由政府主导并承担国民医疗服务全部责任，党带领人民群众利用有限的医疗卫生资源，基本实现了人人享有基本医疗卫生服务的目标。截至 1978 年，医疗卫生资源配置能力大大提高，医疗机构数量、床位数、每万人拥有卫生技术人员数量等指标分别得到明显改善。其中，医疗机构数量增加至 17 万个、床位数增加至 204 万张、每万人拥有卫生技术人员数增加至 25 人。1949 年和 1978 年医疗卫生资源对比如图 5-1 所示。医疗卫生服务资源配置水平虽然明显提高，但受经济和社会发展等因素限制，医疗卫生服务水平依然很低，缺医少药成为最突出的问题。

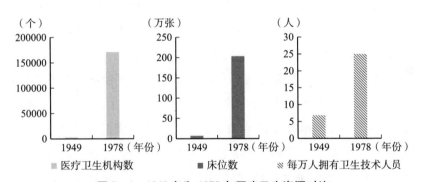

图 5-1　1949 年和 1978 年医疗卫生资源对比

城乡二元结构的确立深度影响了我国医疗卫生服务事业在城乡间的发展差距。医疗卫生资源快速向城市集中，资源配置呈现明显的城乡不均衡态势。城市居民相较农村居民享有数量更多、更优质医疗服务，获得更全面的医疗保障福利。这是我国医疗卫生基本公共服务城乡差距的根源所在，也是医疗卫生服务事业存在不公平性的起点所在。

5.1.2　集中力量发展东部沿海地区的政策变化

1978～2002 年，市场经济体制下的相关政策引导区域非均衡发展。与此同时，医疗卫生资源也向东部沿海城市快速集中，医疗卫生服务水平的城乡和区域差距显现。

1. 市场经济体制下的区域非均衡发展

1978 年，党的十一届三中全会作出将工作重心转向以经济建设为中心的决定。自此，党带领广大人民群众进入改革开放和社会主义现代化建设的新时期，经济体制逐步由计划经济向市场经济转变。

国家出台一系列政策使得东部沿海地区快速发展起来。1979 年，国家首次提出创建出口特区的决定，同年 7 月，深圳、珠海、汕头和厦门成为首批试办出口特区的城市。1984 年，大连、秦皇岛、天津等 14 个沿海港口城市进一步开放[146]，1988 年 4 月设立海南经济特区，1992 年上海浦东新区成立。东部沿海经济总量快速提升，资源向东部沿海地区迅速集中。与此同时，全国人大六届四次会议审议通过的"七五"计划按照政策实施内容的差异明确将全国划分为东部、中部和西部三部分。其中，东部是指最早实行开放政策且经济发展水平较高的沿海省市，具体包括北京、天津、河北、辽宁、上海、江苏、浙江、福建、山东、广东和海南 11 个省份；中部是指经济次发达地区，具体包括山西、内蒙古、吉林、黑龙江、安徽、江西、河南、湖北、湖南和广西 10 个省份；西部则是指经济欠发达地区，主要包括四川、贵州、云南、西藏、陕西、甘肃、青海、宁夏和新疆 9 个省份①。

改革开放后国家采取的一系列区域非均衡发展政策，给东部地区带去巨大利好。减免税收、扩大项目审批、提高外汇留成和信贷留成等一系列灵活、优惠政策不仅为东部地区吸引新的投资机会创造了良

---

① 资料来源：全国人大六届四次会议通过的《国民经济和社会发展第七个五年计划》。

好经济环境，还直接推动了东部地区经济的快速发展，而且经济发展中的马太效应出现，东部和中西部地区之间资源配置失衡加剧，区域差距越来越明显。

2. 医疗卫生资源向东部沿海城市集中，医疗卫生服务城乡和区域差异凸显

改革开放政策和市场经济体制的确立，使医疗卫生服务事业呈现出明显的城乡和区域差异。大批量优质医疗卫生资源快速集中到东部沿海城市，使东中西部地区之间以及城市和农村之间的差异逐渐凸显。

改革开放推动了医疗卫生事业的快速发展。首先，大量卫生技术人员获得出国学习国外先进诊疗技术的机会，提高了医疗卫生服务水平；其次，国外先进的医疗设备被进口到国内，使疾病检测筛查和治疗水平得到明显改善；最后，外资注入医疗卫生领域有力推动了国内医疗卫生服务水平、服务质量和服务效率的快速提高。但是，上述医疗卫生服务水平的改善主要集中于经济较发达的东部沿海城市，偏远地区的农村与之相比差距甚远。医疗卫生服务水平的区域差异逐渐显著。

市场经济体制确立以后，经济制度由单一公有制转变为以公有制为主体多种所有制经济共同发展[147]。在城市，国家推进国有企业改革和劳动分配制度改革。国企改革改变了国有企业一家独大的局面，国有企业、私有企业和个体经济共存，市场竞争加剧，部分国企因经营不善无力承担职工的全部医疗保障费用，开始尝试让职工自己承担部分医疗保障费用，社会医疗保险制度建立。在农村，实行家庭联产承包责任制。家庭联产承包责任制实施后，建立在集体经济基础上的农村合作医疗体系逐渐解体，广大农村地区的居民整体陷入自费医疗的状态。由此，医疗保障制度呈现出明显的城乡差异。

与此同时，分税制改革前的中央财政力量薄弱，对医疗卫生事业的投入显得力不从心。国家将医疗卫生机构划分为营利性和非营利性两种，鼓励营利性医疗机构依法自主经营，同时突出经济成本核算，自此，原有医疗卫生机构的公益性质受到影响，市场化特征越来越明显。公立医疗卫生机构在社会政策允许下开始实行半市场化运行，通过市场手段扩展筹资渠道，大批量购入先进仪器设备，同时采取提高服务价格等乱收费和以药养医、过度医疗等手段提高医务人员薪酬，达到自身发展的目的。公立医疗机构的公益性日渐淡化。

医疗卫生服务事业的市场化、商业化运作，一方面带来了新设备、新技术和新理念，刺激了医院创收，弥补了收入不足；另一方面也加重了人民群众的医疗负担，损害了他们的健康权。对于经济较发达的沿海城市，当时的医疗供给数量和质量不仅无法满足当地人民群众快速增长的医疗卫生需要，病患还需要支付高额医疗费用，看病难、看病贵的问题突出。对于经济欠发达地区和农村的人民群众，相当一部分人不仅无法享受基本医疗保障，还要承担高额医疗费用，因病致贫、因病返贫问题突出。

5.1.3 医疗卫生服务公益性回归的政策调整

进入 21 世纪以后，中国经济发展水平大幅提高，各项综合指标明显向好，人民生活水平发生了天翻覆地的变化，已经到了"先富帮后富"的关键发展阶段[148]。因此，2003～2012 年，国家出台了一系列相关政策引导医疗卫生事业向公益性回归。

2005 年，国务院发展研究中心发布的报告《中国医疗卫生体制改革》指出，"我国医疗卫生体制改革从总体上讲是不成功的"。针对医疗卫生体制改革中存在的一系列问题，党的十六届六中全会和党的十七大报告中分别指出要坚持公共医疗卫生的公益性质，开展医疗卫生体制改革，建设覆盖城乡居民的、人人享有基本医疗卫生服务的卫生保健制度①，并创造性地提出建立具有中国特色的医疗卫生体制框架。医疗卫生事业随即向公益性回归。

---

① 资料来源：党的十六届六中全会和党的十七大报告的相关内容。

　　按照党的十六届六中全会精神和"保基本、强基层、建机制"① 的根本原则，国家开始进行新一轮医药卫生体制改革。为了全方位助力医疗卫生体制改革，2009 年，《中共中央　国务院关于深化医药卫生体制改革的意见》明确了深化医药卫生体制改革的总体目标是到 2020 年基本建立覆盖城乡居民的基本医疗卫生制度，以"四梁八柱"② 为主体框架明确了以公共产品的形式向城乡居民提供安全有效、方便价廉的基本医疗卫生服务。2010 年，公立医院改革也随即启动。2012 年，国务院发布《国家人权行动计划（2012—2015 年)》对城乡医疗卫生基本公共服务建设提出明确要求，即到 2015 年初步建立覆盖城乡居民的基本医疗卫生体系，实现基本公共卫生服务均等化的战略目标。

　　医疗卫生服务事业公益回归后，医药卫生体制改革成效显著。国家基本药物制度初步建立，覆盖城乡的全民基本医疗保障制度建成，全国人民健康指标持续向好，"看病难"和"看病贵"问题得到明显改善。

5.1.4　以人民为中心的政策出台

　　2012 年以后，国家按照以"人民为中心"的发展思想治国理政。面对医疗卫生服务水平存在的城乡差距和区域差距，以提高全体人民健康水平为目的，以改善医疗卫生服务水平的城乡和区域差距为着力点，国家提出一系列政策着力建设以人为本、以人民健康为中心的城

---

　　① 2010 年，全国深化医药卫生体制改革工作会议中提出"保基本、强基层、建机制"。基层医疗卫生机构是基本医疗和公共卫生服务的重要载体，要突出强基层，把更多的财力、物力投向基层，把更多的人才、技术引向基层，切实增强基层的服务能力。要加大城乡基层医疗卫生机构改造和建设力度，加快推进以培养全科医生为重点的基层医疗卫生队伍建设，使更多的城乡居民不出社区、不出乡村就能看上病，逐步使基层医疗卫生机构成为群众看病就医的首选。

　　② "四梁"具体指的是公共卫生体系、医疗服务体系、医疗保障体系和药品供应体系；"八柱"则是指医疗管理机制、运行机制、投入机制、价格形成机制、监管机制、科技和人才保障、信息系统和法律制度。

乡统筹、区域协调发展的全国医疗卫生基本公共服务体系。

1. 以人为本理念下的健康中国建设

2012 年，党的十八大报告指出坚持为人民健康服务的方向、以农村为重点，推进医疗保障、医疗服务、公共卫生、药品供应等综合改革；同时，还提出了深化公立医院改革和鼓励社会办医的建议。为了指导各省市科学合理地制定本地区医疗卫生服务体系建设，2015 年，国务院颁布《全国医疗卫生服务体系规划纲要（2015—2020 年)》。紧接着，《国务院关于整合城乡居民基本医疗保险制度的意见》出台，针对长期以来城镇居民和农村居民在医疗保障方面的差距提出了整合意见，建议建立统一的城乡居民基本医疗保险制度，作为职工基本医疗保险制度的补充。

自 2016 年起，以治病为中心的医疗卫生服务开始向以健康为中心的医疗卫生服务转变。《"健康中国 2030"规划纲要》明确提出以"公平公正"和"共建共享"原则建设健康中国的战略主题。为了保障健康中国战略有序推进，国务院同时审议并通过了《"十三五"卫生与健康规划》（以下简称《健康规划》）和《"十三五"深化医药卫生体制改革规划》（以下简称《改革规划》）。《健康规划》注重工作重心和资源下沉，从促进以治病为中心向以健康为中心转变，而《改革规划》则指出要在 2015～2020 年五年内，在医疗卫生事业的分级诊疗制度、全民医疗保险、现代医院管理、药品供应保障和综合监管五大体系建设方面取得新突破。2019 年，《健康中国行动（2019—2030 年)》开始实施，为了保障人民群众在健康中国行动中平等享有基本医疗卫生服务，次年，《中华人民共和国基本医疗卫生与健康促进法》颁布。随后，《中共中央关于制定国民经济和社会发展第十四个五年规划和二〇三五年远景目标的建议》① 中明确指出"全面推进健康中国建设"。自

---

① 2020 年 10 月 29 日中国共产党第十九届中央委员会第五次全体会议通过了《中共中央关于制定国民经济和社会发展第十四个五年规划和二〇三五年远景目标的建议》。

此，医疗卫生事业的发展有了新的方向。

2. 城乡医疗卫生基本公共服务的区域协调发展

医疗卫生基本公共服务作为基本公共服务体系的重要组成部分，其发展水平伴随基本公共服务均等化的推进工作不断提高。2017 年，《"十三五"推进基本公共服务均等化规划》紧扣"以人为本"的理念对基本公共服务制度及其内涵和目标做了详细阐述。在此基础上，国家发展改革委牵头印发了《国家基本公共服务标准（2021 年版）》①，该标准明确了基本公共服务 22 大类共计 80 个项目的详细内容，明确了提供基本公共服务过程中，中央政府和地方政府的财权和事权划分，同时对各级政府提出了底线要求，这是一次重大的制度创新。2021 年12 月，国家发展改革委等多部门再次印发《"十四五"公共服务规划》，明确提出要加快城乡基本公共服务制度统筹，增加农村医疗公共服务供给。在这种背景下，城乡医疗卫生基本公共服务均等化的推进工作被提到了前所未有的高度。

2022 年 10 月，习近平总书记在党的二十大报告中指出"江山就是人民，人民就是江山。中国共产党领导人民打江山、守江山，守的是人民的心"。医疗卫生基本公共服务体系建设是中国共产党守江山的重要举措[149]，而推动医疗卫生基本公共服务实现城乡统筹和区域协调发展则是守住民心的具体路径。因此，党的二十大报告进一步指出要健全覆盖全民、统筹城乡、公平统一、安全规范、可持续的多层次社会保障体系，同时要继续推进包括医药卫生体制改革，医保、医疗和医药协同发展的健康中国建设，尤其要关注促进优质医疗资源扩容和区域的均衡布局。

在国家一系列相关政策文件指引下，我国城乡医疗卫生基本公共服务的区域协调发展工作被提上新日程。党和国家始终将人民利益放

---

① 2021 年 3 月 30 日，经国务院批复同意，国家发展改革委联合 20 个部门印发了《国家基本公共服务标准（2021 年版）》（发改社会〔2021〕443 号），并发出通知，要求各地区结合实际认真贯彻落实。

在首位，建成以人民健康为中心、城乡统筹、区域协调发展的医疗卫生基本公共服务体系指日可待。

5.2　基础性条件差异

5.2.1　区位条件差异

1. 区位条件差异影响医疗卫生基本公共服务人力资源流入

人力资源流动与迁移受自然环境、经济发展水平、国家政策和社会文化等因素的影响。不同区位条件下的自然、经济、政策等因素差距迥异，所以区位条件深度影响医疗卫生基本公共服务人力资源的流入。相较于农村和经济发展水平相对落后的中部和西部地区，城市、东部沿海、经济发达的平原地区拥有更适宜居住的气候条件和更优质的资源，在国家政策倾斜支持下经济快速发展、交通更加便利，与此同时带来更多、更优质的就业机会，经济收入和生活水平远远高于其他地区；更重要的是，这些地区能够提供更宽松、更广泛的发展空间，还可以给本人及子女提供更多、更好的受教育机会。因此，近年来，医疗卫生基本公共服务大批优秀的医护人员在城市、东部沿海、经济发达的平原地区安家落户，其他地区的医疗卫生基本公共服务工作者在优厚的人才引进等政策的吸引下也逐渐向这些地区迁徙聚集。而在农村和经济发展相对落后的偏远地区，医疗卫生基本公共服务人力资源数量和质量受特殊区位条件影响越来越少、越来越差[150]。医疗卫生基本公共服务人力资源在数量及质量上，于城市和农村之间以及不同区域之间存在差距，这在很大程度上限制了医疗卫生基本公共服务均等化水平的提高，使城乡医疗卫生基本公共服务水平的区域差距越来越明显。

2. 区位条件差异影响医疗卫生基本公共服务机构和基础设施流入

由于城市和农村居民对医疗卫生基本公共服务的具体需要不尽相

同，且东、中、西部不同区域的居民对医疗卫生基本公共服务的需求也不相同，因此，医疗卫生基本公共服务机构和基础设施流入数量及质量在城乡和区域之间呈现出明显差异。根据微观经济学与财政学基础理论可知，医疗卫生基本公共服务需求是指在一定价格水平下，人们对医疗卫生等基本公共服务既有购买意愿又有购买能力的行为。但是，人们对医疗卫生基本公共服务的需求有别于对普通商品的需求。因为人们对普通商品的需求数量由市场价格决定，且受收入水平限制，同时受到消费者偏好和相关产品价格的影响。而医疗卫生基本公共服务是具有非竞争性和非排他性的准公共产品，人们对医疗卫生基本公共服务的需求并不受市场价格影响，但受家庭收入水平、思想观念和受教育程度等因素的影响；同时，人们对基本公共服务的需求具有阶段性和层次性。当人们初级阶段的底层基本公共服务需求（如健康的水资源和自然环境）得到满足后，随着收入水平和思想意识的提高，人们才会追求更高层的基本公共服务，如健康和医疗[151]。所以，对于经济发展水平相对落后的农村和中部、西部地区，受限于人们初级阶段的底层基本公共服务需求并没有得到极大满足的现实情况，政府在设计医疗卫生基本公共服务机构和基础设施资源配置方案时，对人们的医疗卫生基本公共服务需求层次认知不足，导致农村地区和经济欠发达的中部和西部地区的医疗卫生机构和基础设施配置数量严重不足，医疗卫生基本公共服务供需结构明显失衡，服务机构和基础设施数量呈现出明显的区位差异特征。从理论角度分析，人们对医疗卫生基本公共服务的需求数量与医疗卫生基本公共服务的需求收入弹性密切相关，而区位条件成为影响医疗卫生基本公共服务需求收入弹性的重要因素。

5.2.2　经济发展水平差异

医疗卫生基本公共服务经费投入情况与各地区经济发展水平密切

相关。目前,我国城乡之间、东中西部地区之间的经济发展禀赋、程度差距显著,所以各地级政府的财政目标也存在明显差异。经济发展水平相对较低的区域相较于经济发展水平较高的区域,各地政府更加注重财政投入对当地经济发展的贡献和刺激作用,在公共服务支出中往往涉及更多有益于招商引资和环境建设的基础设施项目支出,推动本地区经济快速发展,同时对周边地区的发展带来间接溢出效应。受财政经费总量限制影响,势必会减少地区内医疗卫生基本公共服务经费的投入,进而影响本地区医疗卫生基本公共服务资源引进和机构建设,最终导致提高医疗卫生基本公共服务水平进程放缓。与之相反,经济发展水平较高地区的政府,会把工作重心从追求 GDP 粗放增长转向高质量发展,同时更加注重本地医疗卫生等其他公共服务事业的推进,提高医疗卫生基本公共服务经费的额度用以增加医疗卫生基本公共服务人力资源和基础设施的数量,并改善其质量[152],关注医疗卫生基本公共服务机构扩容和改造升级建设,从而推动地区内医疗卫生基本公共服务均等化水平的提高。

各地政府基于经济发展水平差异导致的医疗卫生基本公共服务经费投入差异,使医疗卫生基本公共服务水平在城乡之间和区域之间呈现出显著不同,深刻影响了城乡医疗卫生基本公共服务的区域协调发展。

5.2.3 地方政府决策差异

各地政府对医疗卫生基本公共服务供给的异质性行为加剧了城乡医疗卫生基本公共服务的区域差异。政府异质性行为基础上供给政策的制定,直接影响辖区内医疗卫生基本公共服务机构的发展方向。

由于东部、中部和西部地区存在明显经济禀赋差距,不同地区政府在制定决策时,对医疗卫生基本公共服务供给存在偏好异质性。其中,东部地区自然条件优越,经济发展速度快、水平高,所以辖区内居民收入水平也相对较高，人们对基本公共服务的需求已经摆脱初级阶段水平，进而对健康和医疗卫生基本公共服务的关注和需求不断加大。为了满足人民群众日益增长的需求，吸引高层次人才到当地就业，持续推动辖区经济发展，当地政府会不断提升医疗卫生基本公共服务资源的供给数量和质量，因此，辖区内医疗卫生基本公共服务机构规模不断扩大，服务水平不断提高，促进了辖区内城乡医疗卫生基本公共服务均等化，使其向更高水平发展。但是，对于经济欠发达的中部，尤其是西部地区来说，推动经济快速发展始终是当地政府的首要目标。因为辖区内居民收入水平依然普遍较低，收入增加能够给人民群众带来更强烈的满足感，所以人们对收入增加的需求明显超过对健康和医疗卫生的需求。因此，当地政府往往决定将财政支出的绝大部分用以发展经济，而医疗卫生基本公共服务所占比重会较小。因此，医疗卫生基本公共服务机构发展严重受限，进而导致辖区内医疗卫生基本公共服务水平发展迟缓，城乡医疗卫生基本公共服务均等化水平较低。

各地政府对医疗卫生基本公共服务事业偏好的异质性决定了相关决策设计的不同，导致辖区内医疗卫生基本公共服务机构发展呈现不同态势，进而造成不同区域间城乡医疗卫生基本公共服务水平的差异化发展。

5.3　医疗保障体系建设与发展

新中国成立以来，国家不断探索与当下经济体制相适应的医疗保障体系建设，作为保障和改善民生的重要举措。经过多次改革和完善，基本医疗保障体系在降低人民群众"因病致贫""因病返贫"概率和减轻贫困群众医疗和经济压力方面起到了举足轻重的作用[153]。基本医疗保障体系建设对中国城乡医疗卫生基本公共服务均等化区域差异的影响经历了增加城乡差距、缩小城乡差距、缩小城乡和区域差距以及促进城乡统筹和区域协调发展四个阶段，如图 5 - 2 所示。

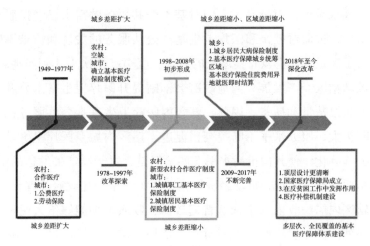

图 5 – 2　基本医疗保障体系的建立与完善

5.3.1　农村医疗保障制度空缺

新中国成立后的 30 年，国家主要依靠农村合作医疗、城市公费医疗和劳动保险三种保险制度满足人民群众对医疗卫生基本公共服务的需求。改革开放以后，为了配合国家经济体制改革和国有企业改革，一些地方政府和一部分企业开始自发改革医疗保障制度，以控制医疗费用支出额度，实现医疗保险的个人、企业和政府共担。1989 年以后，国家开始全面开展医疗保障制度改革。改革导致农村医疗保障制度空缺，使得医疗卫生基本公共服务城乡差距扩大。

基本医疗保障体系建设的改革探索时期主要针对城市公费医疗和劳动保险制度进行改革，尝试建立责任共担、"统账结合"的医疗保险制度模式。改革以充分调动地方政府积极性、推举试点探索为方式，出现了以"两江"① 的"三段通道"模式、"板块"② 模式、"三金"③

---

① 两江：指江苏镇江与江西九江。

② 海南和深圳在基本医疗保障体系改革中采用了"板块"模式。

③ 青岛和烟台在基本医疗保障体系改革中采用了"三金"模式。

模式等为代表的多样化改革模式，成功配合及推进了经济体制改革和国有企业改革进程，为医疗保障制度的建立奠定了坚实基础。但是，针对农村的合作医疗制度改革却宣告失败。受经济体制改革的影响，农民收入大幅下降，医疗费用支出负担越来越重，国家因此进行了农村合作医疗制度的重建，但是由于制度设计不合理，并没有改变农民看病难、看病贵的现象，农村人民因病致贫和因病返贫现象频发。国家在基本医疗保障体系建设改革探索时期采取的重城轻农政策，使医疗保障制度改革效果在城市和农村之间出现了截然相反的结果，医疗卫生基本公共服务的城乡差距加剧。

5.3.2　基本医疗保障体系初建

1998 年后的 10 年，是我国基本医疗保障体系的初步形成阶段，其主要任务是兼顾城乡医疗保障发展，以减轻城乡居民医疗负担为目标，建立和完善覆盖城乡、与社会主义市场经济体制相适应的基本医疗保障体系。

针对城市居民，国家建立了两类基本医疗保险，分别是城镇职工基本医疗保险和城镇居民基本医疗保险。其中，城镇职工基本医疗保险以企业单位职工为保险对象，采取社会统筹和个人账户相结合的方式，是由企业和企业职工共同缴费的保险制度形式。而城镇居民基本医疗保险制度的探索始于 2007 年，它以城镇非就业居民中的老年人和未成年人为保险主体，以实现大病统筹为目标，通过家庭缴费为主、政府补助为辅的筹资方式建立的保险制度。

针对农村居民，国家建立了统一的基本医疗保险，即新型农村合作医疗，其费用由个人、集体和政府三方共同承担。新型农村合作医疗制度的建立弥补了农村医疗制度的空缺，降低了农村居民的医疗费用支出，提高了农村医疗卫生基本公共服务水平。

针对城市和农村居民中享受低保、没有参加医疗保险或者享受医疗保险报销后个人承担的医疗费用仍然较高的困难群众，为了减轻其就医压力，国家在基本医疗保险制度的基础上，分别建立了由地方财政、公益金和捐助金全额出资的城市医疗救助制度和农村医疗救助制度。

四位一体的基本医疗保障体系建设，兼顾了城市和农村居民以及城市和农村居民中的低收入群体，使医疗卫生基本公共服务的地区和城乡差距明显缩小，有利于城乡医疗卫生基本公共服务均等化的快速发展。

5.3.3　城乡统筹和异地结算

2009～2017年是国家不断完善基本医疗保障体系建设的重要时期。基本医疗保障实现城乡统筹和住院费用异地结算，有效促进了医疗卫生基本公共服务的城乡和区域协调发展。

首先，基本医疗保障制度的城乡统筹主要体现在城乡居民大病保险制度建立、城乡医疗救助制度统筹和城乡居民医疗保险整合三方面。一是建立城乡居民大病保险制度。为了提高城乡居民应对重特大疾病的能力、减轻医疗负担，2015年，《国务院办公厅关于全面实施城乡居民大病保险的意见》指出，要进一步推动大病保险制度的完善与实施。各地政府从城乡基本医保基金中划拨一定比例经费用以向商业保险机构为城镇居民基本医疗保险和新型农村合作医疗保险的参保人购买大病保险。二是统筹城乡医疗救助制度。2015年，国家发布《关于进一步完善医疗救助制度全面开展重特大疾病医疗救助工作的意见》，强制性要求各地政府在2015年年底之前对城乡医疗救助制度进行整合，实现医疗救助基金的城乡统筹管理和使用。三是城乡居民医疗保险实现了整合。为了推进医疗保障制度的公平性、加快社会和谐发展，国家在城乡居民大病保险制度建立和统筹城乡医疗救助制度基础上，对城乡居民医疗保险进整合，使医疗救助和大病保险实现无缝对接。国家推进基本医疗保障实现城乡统筹有利于改善医疗卫生基本公共服务水平的城乡差距，加快医疗卫生基本公共服务均等化的实现进程。

其次，基本医疗保险住院费用异地结算已经启动。为了解决不同地区基本医保政策差异导致的异地就医障碍，2016年，国家正式启动基本医疗保险住院费用异地结算工作，并尝试继续开展门诊费用异地结算。基本医疗保险住院费用和门诊费用实现异地结算，能够显著缩小医疗卫生基本公共服务水平的区域差距，增加公共服务享受的公平性，有利于社会和谐发展和共同富裕的实现。

5.3.4　多层次与全民覆盖的基本医疗保障体系建设

2018年以后，我国基本医疗保障体系建设进入深化改革时期，顶层设计更加清晰，改革也取得重大进展，逐步完善的基本医疗保障体系在反贫困工作中发挥了巨大作用。国家进一步在加强医保基金监管的基础上注重医疗保障补偿机制建设，推动医疗保障体系的高质量发展。

第一，基本医疗保障体系建设的顶层设计更加清晰。2020年，中共中央、国务院发布的《关于深化医疗保障制度改革的意见》指出，要建成既覆盖全民又统筹城乡的、可持续的多层次医疗保障体系。次年，"十四五"全民医疗保障规划对未来医疗保障体系建设提出了具体要求。第二，国家医疗保障局成立。为了解决医疗保险制度监管过程中的"九龙治水"现象，将原本由人社部监管的城镇职工和城镇居民基本医疗保险、生育保险职责，原国家卫生部监管的新型农村合作医疗职责，国家发改委监管的药品和医疗服务价格管理职责和民政部门监管的医疗救助职责进行全面整合，于2018年成立国务院直属机构——国家医疗保障局。因此，更加明确的顶层制度设计和直属国家机关的成立，为基本医疗保障体系在改善医疗卫生基本公共服务城乡和区域差距方面做好了最高层次保障。第三，基本医疗保障体系在反贫困工作中发挥了积极作用。国家医疗保障局成立后，发布一系列政策指导各地政府继续针对贫困居民的实际情况开展资助,缩减其医疗费用支出,最大程度降低"因病致贫"和"因病返贫"情况出现的概率。基本医疗保障体系在反贫困工作中发挥的积极作用对缩小城乡之间、区域之间的医疗卫生基本公共服务水平差异,以及不同人群享受医疗卫生基本公共服务的差异方面发挥了至关重要的作用。第四,不断推进医疗保障补偿机制建设。通过医疗保障待遇清单制度、多元复合式医保支付方式、异地就医即时结算、"互联网+"医疗服务以及职工医保普通门诊费用统筹等补偿机制建设,打造多层次基本医疗保障体系,为人民群众的健康保驾护航。

多层次、全民覆盖的基本医疗保障体系建设提高了城乡医疗卫生基本公共服务均等化水平,缩小了城乡医疗卫生基本公共服务均等化的区域差距,为医疗卫生基本公共服务实现城乡统筹和区域协调发展奠定了坚实基础。

5.4 公共财政体制演进及改革

公共财政体制是确定中央和地方政府之间、各地级政府之间财政收支权利、责任和义务的重要制度。公共财政体制演进及改革深度影响中国城乡医疗卫生基本公共服务均等化的区域差异情况。财政包干制、分税制改革、"营改增"、行政事业性收费及政府基金规范化管理、地方债新规,以及基本医疗卫生转移支付制度等因素,分别对中国城乡医疗卫生基本公共服务均等化区域差异产生了不同程度的影响。

5.4.1 公共财政体制演进

医疗卫生基本公共服务均等化发展的前提条件是城乡之间、区域之间的财政实力大致相当。多年来公共财政体制演进和地方政府行为演进产生的累积效应，使中国城乡之间、区域之间的财力差距显著，加剧了城乡医疗卫生基本公共服务均等化的区域差异。

第一，公共财政体制演进固化了区域间财政实力差异格局。2014年以前的集权性和行政分权性公共财政体制，尤其是财政包干制固化了区域间财政实力的差异格局。1980年实施的财政包干制规定，在保证中央财政收入前提下，地方超收和支出结余部分，都留归地方支配。这种公共财政体制设计使区域间财政实力的差异格局趋于稳定，财政实力强的省份和地区经济发展速度快、水平高，用于医疗卫生基本公共服务的财政支出占比高，因此医疗卫生基本公共服务水平得到快速提升，为城乡医疗卫生基本公共服务均等化的推进奠定了强大的财力基础；而财政实力较弱的省份和地区受财政收入总量限制，无法将过多财政资金投向医疗卫生基本公共服务事业，医疗卫生基本公共服务均等化的推进工作更是无暇顾及[154]。所以，公共财政体制演进加剧了中国城乡医疗卫生基本公共服务均等化的区域差异。

第二，地方政府行为演进和职能的异质性加剧了医疗卫生基本公共服务非均等化发展。1978年年底开始的财政体制改革极大调动了地方政府行为的积极性和主动性，但是由于财政收入获取能力和支出偏好的差异，不同地区政府在实践过程中的财政运行效果同样表现出明显的地区差异，因此，医疗卫生基本公共服务均等化发展也出现了明显的城乡和区域差距。同时，财政包干体制导致不同地区地方政府职能异质性特点突出，而分税制改革再一次强化了地方政府行为的异质性程度，受区域自然资源禀赋、经济发展水平和文化背景等一系列客观因素的影响，地方政府职能异质性程度更加明显。因此，在地方政府职能异质性影响下的医疗卫生基本公共服务均等化发展呈现出明显的地区差异。

5.4.2　分税制改革

为了有效处理中央政府和地方政府之间的事权及财权关系，1994

年国家进行了分税制改革。此次改革使中央政府和地方政府在财政收入和财政支出的分配占比方面发生了改变，地方政府财政收入减少，财政支出责任加大，为了改善财政收支赤字现象，地方政府在扩大财政收入和减少财政支出方面行为选择的异质性，使中国城乡医疗卫生基本公共服务均等化的区域差异更加显著。

首先，分税制改革改变了地方政府财政收入占比较高的情况，提高了中央政府财政收入占比，并使之与地方政府财政收入相持平；同时，中央政府的财政支出责任明显降低。2014年后，国家继续推进财政体制改革，中央政府和地方政府之间的事权支出责任差距进一步扩大，地方政府开始承担更多事权支出责任。中央政府和地方政府财政收支分配比例的变化使医疗卫生基本公共服务供给呈现出明显的地区差异特征。分税制改革使地方政府财政收入较之前大幅减少，事权支出责任却不断扩大；更重要的是，不同地区地方政府财政收支的变化程度并不相同，所以用于医疗卫生基本公共服务事业的投入也呈现出明显的地区差别。

其次，分税制改革背景下的地方政府异质性行为使中国城乡医疗卫生基本公共服务均等化的区域差异更加显著。分税制改革后，地方政府财权和事权格局进行了重大调整，财政运行结果从盈余变为赤字，为缓解不断增加的财政支出压力，不同地区的地方政府会采取不同强度的手段和方法，一方面拓宽渠道增加财政收入规模，另一方面减少公共服务投入以缩减财政支出。与发达地区相比，经济发展水平落后地区的地方政府更倾向于缩减基本公共服务支出以促进本地经济发展。因此，受各地政府增加财政收入能力差异和倾向性减少财政支出选择差异的影响，我国医疗卫生基本公共服务发展水平在城乡，尤其是区域之间的差异更加明显。因此，分税制改革在某种程度上限制了医疗卫生基本公共服务均等化的发展。

5.4.3 "营改增"等改革

医疗卫生基本公共服务的城乡和区域协调发展在一定程度上取决

于地方政府的财政实力。近年来，"营改增"、行政事业性收费及政府基金规范化管理、地方债新规等一系列改革措施从总体上削弱了地方政府的财政实力，尤其是经济发展水平相对落后地区，地方政府的财政实力明显受限，改革效应在不同地区呈现出不同特点，这种差异成为医疗卫生基本公共服务失衡发展的助推力。

第一，"营改增"加剧医疗卫生基本公共服务水平的城乡和区域差异。首先，以消除制约服务业发展的税收制度障碍为目的实施的"营改增"对经济发展水平落后地区地方政府的影响明显高于经济发展水平高的地区。由于营改增将交通运输业以及部分现代服务业划转至增值税征税范围，所以从短期来看，经济发展水平高的地区地方政府的财政收入会因此以更快的速度减少。但是由于发达地区的财政实力雄厚，税收的短暂下降并不会给财政的正常运行带来太大压力，反而是经济发展水平低的地区的地方政府受财政收入下降影响，地区财政运行会承受更大的压力。其次，经济发展水平落后地区的财政收入上升空间有限。对于经济发展水平高的地区，交通业和现代服务业发展速度快、规模效益显著，因此增值税收入规模快速扩大，财政收入的上行空间大。但是经济发展水平低的偏远和贫困地区，目前并不具备培育交通运输业和现代服务业快速发展的基础，因而财政收入上升空间受限。不同地区之间财政收入上升空间的差距导致地区间财政实力差距凸显，因此，地方政府在医疗卫生基本公共服务供给方面存在显著不同，导致中国城乡医疗卫生基本公共服务区域差异加剧。

第二，对行政事业性收费、政府基金进行规范化管理进一步加大了医疗卫生基本公共服务水平的城乡和区域差异。行政事业性收费和政府性基金作为地方政府收入的主要来源，直接影响地方政府的财政支出行为选择。经济发展水平较低地区的地方政府对收费和基金收入的依赖性更强，为推动本地区经济快速发展，地方政府的支出往往以发展经济为主，而把基本公共服务排除在外，同时对这部分收支的管理缺乏规范。因此，国家对行政事业性收费和政府基金收入进行规范化管理反而对欠发达地区地方政府的财政实力造成冲击，加大了地区间不同地方政府的财力差距，进一步加大了医疗卫生基本公共服务水平的城乡和区域差异。

第三，地方债新规出台使经济发展水平落后的偏远地区和农村的医疗卫生基本公共服务发展再次受限。面对不断扩大的财政收支缺口，举债成为地方政府化解财政危机的主要方式。地方债新规针对地方政府财政运行风险大、发债不规范等问题，从发债机制、设计、评估和风险防控等多方面做出明确规定和要求，受此影响，经济发展水平落后的偏远地区地方政府面临更大的财力困难。经济发展水平不同地区的地方政府对地方债新规的应对能力显著不同，经济发展水平较高地区财力基础坚实，财政平衡能力强，地方债新规对地区财政运行的负面影响较小，所以对医疗卫生基本公共服务供给影响甚微；而经济发展水平落后地区的财政实力薄弱，财政运行主要依靠发债，所以受地方债新规的冲击较大，很难保证财政支出向医疗卫生基本公共服务均等化事业投入。因此，地方债新规出台使经济发展水平落后的偏远地区和农村的医疗卫生基本公共服务发展再次受限，医疗卫生基本公共服务的城乡和区域差异依然显著。

第四，不同地区地方政府短期行为倾向差异突出，医疗卫生基本公共服务均等化的实现困难重重。不同地区地方政府根据当地财政实力的实际情况，以短期行为倾向应对上述一系列财税体制改革。由于经济发展水平相对落后地区在财税改革中受到的冲击较大，地方政府在安排财政支出时往往倾向有利于推动本地经济发展的项目，而放弃公共服务类项目，以保证财政收支正常运行。而在经济发展水平较高的地区，虽然政府财力同样被削弱，但是基于坚实的财力基础和活跃的市场环境，地方政府弥补财政收支缺口的压力远远小于欠发达地区。因此，地方政府短期行为倾向的差异使不同地区对医疗卫生基本公共服务事业发展的态度不同。综上所述，一系列财税体制改革弱化了医疗卫生基本公共服务均等化发展的财力和物力基础，助推中国医疗卫生基本公共服务的城乡和区域差异化发展。

5.4.4　基本医疗卫生转移支付制度改革

转移支付制度是用来解决中央政府和地方政府在财权和事权上的纵向不平衡以及各地区之间横向不平衡的重要手段,对于推进医疗卫生基本公共服务均等化建设具有重要的支撑作用。但是当前,基本医疗卫生转移支付制度仍然存在额度小、占比低以及运行不规范等问题,限制了城乡医疗卫生基本公共服务均等化的区域协调发展。

首先,基本医疗卫生转移支付额度相对较小、占比低。从财政部发布的《关于 2022 年中央对地方转移支付预算的说明》可以看出,我国 2022 年一般性转移支付各项目预算数和专项转移支付各项目预算数同比 2021 年都有不同幅度的增长。但是,基本医疗卫生转移支付在一般性转移支付和专项转移支付中的占比仍然较低。在一般性转移支付中,城乡居民基本医疗保险补助预算数占比约 4.6%,医疗救助补助资金预算数占比约 0.36%,基本公共卫生服务补助资金预算数占比约 0.84%;在专项转移性支付中,重大传染病防控经费预算数仅占比约 0.25%。较低的基本医疗卫生转移支付数额影响地方政府的可支付资金,限制了医疗卫生基本公共服务的均等化发展。

其次,一般性转移支付资金占比过高,导致专项转移支付资金的调控作用受到限制。受“晋升锦标赛”激励作用的影响,发展水平相对落后地区的地方政府习惯性选择将一般性转移支付资金投入生产领域,用以发展经济,影响了医疗卫生基本公共服务供给和资源的均衡配置[155]。而专项转移支付可以有效避免此类情况发生,它要求地方政府按照中央或上一级政府的目标和价值导向专款专用,如重大传染病防控经费仅支持突发重大传染病防控工作使用。但是,基本医疗卫生专项转移支付项目过少、额度占比过小,导致专项转移支付资金的调控作用受限,无法对城乡医疗卫生基本公共服务均等化的区域协调发展精准发力。

5.5 本 章 小 结

本章旨在探究中国城乡医疗卫生基本公共服务均等化差异产生的历史和现实原因。在前文对中国城乡医疗卫生基本公共服务均等化总体差异、区域内差异和区域间差异分析的基础上，本章从国家相关政策变化与调整、基础性条件差异、医疗保障体系建设与发展和公共财政体制演进及改革四个维度对中国城乡医疗卫生基本公共服务均等化差异产生的原因进行了细致梳理。

首先，国家相关政策变化与调整对中国城乡医疗卫生基本公共服务均等化差异的影响主要表现为国家政策从集中力量发展城市、集中力量发展东部沿海地区，到医疗卫生服务公益性回归，再到以人民为中心的政策变化对医疗卫生基本公共服务城乡和区域差距的影响。

其次，基础性条件差异对中国城乡医疗卫生基本公共服务均等化差异的影响主要体现在区位条件、经济发展水平和地方政府决策三个方面。

再次，医疗保障体系从初步建立到不断完善的过程也对中国城乡医疗卫生基本公共服务均等化差异造成不同影响。

最后，公共财政体制演进及改革对中国城乡医疗卫生基本公共服务均等化差异的影响则主要包括公共财政体制演进、分税制改革、"营改增"等一系列改革措施以及基本医疗卫生转移支付制度改革四个方面。

第6章 中国城乡医疗卫生基本公共服务均等化区域差异的收敛性分析

本书通过对中国城乡医疗卫生基本公共服务均等化的时空分布和区域差异特征进行研究,发现城乡医疗卫生基本公共服务均等化差异会受时间推移、政策变化等一系列因素影响而改变。为预测中国城乡医疗卫生基本公共服务均等化差异的发展趋势,本章分别采用 σ 收敛模型、绝对 β 收敛模型和添加了财政自主权、政府干预程度、经济发展水平和城镇化水平作为控制因素的条件 β 收敛模型,进一步探究中国城乡医疗卫生基本公共服务均等化差异的收敛特征,以考察城乡医疗卫生基本公共服务均等化水平较低的地区是否有较高的均等化发展速度,进而能够加速赶上城乡医疗卫生基本公共服务均等化水平较高的地区,以便为提出相应政策建议奠定基础。

6.1 收敛及收敛假说

6.1.1 收敛

在数学领域,"收敛"是研究函数的重要工具,具体是指向某一值靠近的状态。收敛类型包括数列收敛、函数收敛、全局收敛和局部收敛等。而在经济学领域，"收敛"的概念是在新古典经济学增长理论的趋同理论基础上发展起来的。新古典经济学增长理论提出了绝对趋同、条件趋同和俱乐部趋同三种趋同假说。绝对趋同假说认为不管发展中国家有什么样的特点，它们最终都能赶上发达国家，并在人均产出方面与发达国家相当。条件趋同假说则认为趋同是有条件的，即各国必须具有相同的储蓄率、人口增长率和生产函数；如果这些条件不变，那么，世界各国会收敛到相同的人均产出水平和相同的稳态增长率。俱乐部趋同假说指的是根据发展条件的差异，各国在发展过程中会形成不同的俱乐部，俱乐部内部会出现趋同现象。俱乐部中人均收入最低的国家会以最快的速度向人均收入最高的国家趋同，而俱乐部以外的国家则继续落后。

因此，经济学领域的"收敛"概念用来描述在未来一段时间内经济向某种水平逼近发展的一种状态和趋势。根据是否具备影响条件，收敛分为绝对收敛和条件收敛两种类型。其中，绝对收敛认为每个国家的发展都不受任何条件限制地趋向于各自均衡水平；而条件收敛则与之不同，它认为每个国家向各自均衡水平的发展过程会受到某些条件的影响。国家发展速度的快慢取决于当前发展水平和均衡水平之间的差距，差距越大，发展速度越快；差距越小，发展速度越放缓[107]。

6.1.2 收敛假说

收敛假说是经济增长进行经验研究的核心理论之一。通过收敛假说进行实证检验，以确定经济发展是否存在新古典经济学增长理论所提到的稳态发展和条件收敛状态。检验方法主要包括 σ 收敛、β 收敛和俱乐部收敛三种。其中，β 收敛又细分为绝对 β 收敛和条件 β 收敛两种。

σ 收敛代表不同国家或者地区之间人均收入水平的绝对趋同。β 收敛则代表经济发展落后国家或者地区的经济发展速度快于发达国家，即增长率趋同，简单来说，就是欠发达国家发展速度更快。其中，绝对 β 收敛是指最贫穷的经济体增长速度更快，直到追赶上最富裕的经济体为止，表现出均等化趋势；而条件 β 收敛指的是在控制各种变量的情况下，每个经济体依然收敛于自身稳态的状态。从数理统计角度来解释，σ 收敛相当于人均收入离差的衰减，而 β 收敛是不同国家或者地区的经济增长率向期望值的回归。

综上所述，σ 收敛可以理解为总收入在经济体中分布格局的变化，而 β 收敛是总收入在不同经济体之间分配变动的状态。最后，俱乐部收敛则是用来描述某个国家或者地区内部存在的绝对收敛状态。

6.1.3　收敛性分析的意义

通过第 3 章和第 4 章对中国城乡医疗卫生基本公共服务均等化的时空分布和区域差异特征进行研究，发现城乡医疗卫生基本公共服务均等化的区域差异会受时间推移、政策变化等一系列因素的影响而改变，因此有必要对中国城乡医疗卫生基本公共服务均等化区域差异的发展趋势进行预测和估计。为进一步探究不同区域城乡医疗卫生基本公共服务均等化在未来一段时间内是否存在向某种水平逼近发展的状态和趋势，本书使用收敛假说中的 σ 收敛模型和 β 收敛模型两种方法检验不同区域之间城乡医疗卫生基本公共服务均等化的收敛状态。其中，β 收敛模型分别从绝对 β 收敛和条件 β 收敛两个角度检验全国及东、中、西部三大区域城乡医疗卫生基本公共服务均等化水平的收敛趋势；进行条件 β 收敛检验时，财政自主权、政府干预程度、经济发展水平和城镇化水平作为控制因素考虑，以观察确定城乡医疗卫生基本公共服务均等化水平低的地区是否会加速追赶城乡医疗卫生基本公共服务均等化水平高的地区，以及控制因素的加入是否影响收敛性结果。

如果下文的研究发现城乡医疗卫生基本公共服务均等化的区域差

异正在不断扩大，则应该采取相应措施最大限度地阻止区域差异继续扩大；如果研究发现城乡医疗卫生基本公共服务均等化的区域差异存在不断缩小的态势，则应该采取相应措施促进不同区域之间速度更快、效率更高地缩小差距。因此，不论是阻止区域差异的继续扩大还是促进不同区域速度更快、效率更高地缩小差距，本章对城乡医疗卫生基本公共服务均等化区域差异收敛性的分析都具备重要的政策启示意义。

6.2 σ 收敛模型分析

6.2.1 σ 收敛

判断某种现象是否存在 σ 收敛，首先需要计算变异系数。本书按照这个思路，利用式（6.1）计算变异系数，用以衡量城乡医疗卫生基本公共服务均等化的收敛性。

变异系数的计算公式为：

$$\sigma = \frac{\sqrt{\sum_{}^{n_j} (E_{ji} - \bar{E})/n_j}}{\bar{E}} \tag{6.1}$$

由式（6.1）可知，标准差与均值相除便是变异系数。这是一个无量纲变量，所以能够用来测算样本的离散程度。如果伴随时间推移，商值越来越小，则说明该地区各城市城乡医疗卫生基本公共服务均等化水平值的离散程度越来越小，不同城市之间的均等化水平差异也越来越小，存在向均衡状态（均值）收敛的态势[108]。

6.2.2 σ 收敛模型实证检验

全国及三大区域城乡医疗卫生基本公共服务均等化变异系数的动

态演变情况如表6-1所示。从全国层面来看，变异系数呈小幅波动下降的态势，样本期内由0.1971缓慢下降到0.1865，下降了0.0106，降幅为5.38%，显示中国城乡医疗卫生基本公共服务均等化水平的地区差距随着时间推移不断缩小，这与前文的分析结论基本一致。从分区域的角度来看，东、中、西部三大区域的变异系数变化趋势存在明显差异，显示不同地区的城乡医疗卫生基本公共服务均等化水平具有不同的收敛特征。其中，东部地区的变异系数呈波动上升的态势，具体由0.1625上升到0.1863，增加了0.0238，增幅为14.65%，显示东部地区城乡医疗卫生基本公共服务均等化的地区差距不存在 σ 收敛的趋势。在样本内，中部地区的变异系数由0.2077下降至0.1672，下降了0.0405，降幅高达19.50%，即中部地区的变异系数呈快速下降的态势，显示中部地区正在加速提升城乡医疗卫生基本公共服务均等化水平。同样地，西部地区的变异系数也呈波动下降趋势，具体由0.2166下降到0.2072，但降幅相对较小，仅为4.34%，显示西部地区的城乡医疗卫生基本公共服务均等化的实现力度仍然有待提高。

表6-1　　　　城乡医疗卫生基本公共服务均等化变异系数

年份	全国	东部地区	中部地区	西部地区
2012	0.1971	0.1625	0.2077	0.2166
2013	0.1921	0.1583	0.1873	0.2274
2014	0.1825	0.1762	0.1846	0.1847
2015	0.1863	0.1619	0.1794	0.2162
2016	0.1951	0.1652	0.2032	0.2109
2017	0.1737	0.1666	0.1703	0.1843
2018	0.1901	0.1823	0.1826	0.2060
2019	0.1892	0.1853	0.1780	0.2040
2020	0.1865	0.1863	0.1672	0.2072

注：表内数据由式（6.1）计算所得。

6.3 空间计量适用性

进入 21 世纪后，作为处理空间数据的计量经济学分支，空间计量经济学已经成为应用领域的主流。空间计量经济方法主要适用于研究不同区域间的社会行为、经济活动之间的联系和差异等内容，即可以针对空间依存性和空间异质性同时开展研究。通俗地说，在实证研究过程中，当模型同时存在空间差异和空间相关性时，传统计量经济学方法无法准确区分空间差异和空间相关性，此时，需要空间计量经济学进行更为准确的估计。空间计量经济学最主要的贡献在于两个方面，第一，在对模型进行估计时，针对 OLS 估计方法存在的偏误；第二，明确提到了不同社会因素、经济因素之间的空间关联性以及这种空间特质对模型估计结果的影响。因此，空间计量的出现拓展了区域间研究的视角，丰富了区域间研究的内容，是比较先进的理论研究框架。

6.3.1 空间相关性检验

空间序列存在复杂的自相关现象，为了确定空间样本数据之间是否存在空间相关性及依赖性，在建立空间计量模型之前，一般需要对相关回归模型的 OLS 残差进行空间相关性检验。本书通过全局空间自相关来检验不同城市之间是否存在空间关联性。因此，我们首先需要简单介绍相关理论。

全局空间自相关可以看成位置相近的不同区域具有相似的变量取值，衡量是否存在空间自相关的方法最典型的是全局 Moran's I，考察的是整个空间序列 $\{x_i\}_{i=1}^{n}$ 的空间集聚情况[109]。全局 Moran's I 的计算公式为：

$$I = \frac{n \sum\limits_{i=1}^{n} \sum\limits_{j=1}^{n} W_{ij}(x_i - \bar{x})(x_j - \bar{x})}{\sum\limits_{i=1}^{n} \sum\limits_{j=1}^{n} W_{ij} \sum\limits_{i=1}^{n} (x_i - \bar{x})^2}$$

$$= \frac{n \sum\limits_{i=1}^{n} \sum\limits_{j=1}^{n} W_{ij}(x_i - \bar{x})(x_j - \bar{x})}{s^2 \sum\limits_{i=1}^{n} \sum\limits_{j=1}^{n} W_{ij}} \qquad (6.2)$$

可以看出，样本方差 $s^2 = \dfrac{\sum\limits_{i=1}^{n} (x_i - \bar{x})^2}{n}$，即空间位置总数为 n。x_i 和 x_j 是 i 位置和 j 位置的观察值，$\bar{x}$ 是其平均值。W_{ij} 为空间权重，用于度量区域 i 和区域 j 之间的距离。当 i 和 j 的空间位置邻近时，$W_{ij} = 1$，反之，$W_{ij} = 0$。

Moran's I 的取值始终为 $[-1, 1]$。如果取值大于 0，则表示高值与高值相邻、低值低值相邻，即正自相关；如果取值小于 0，则表示高值与低值相邻，即负相关；如果取值接近 0，则说明不存在自相关，样本在空间呈随机分布。

在解读 Moran's I 时，需要通过 Z 得分和 P 值两种工具。Z 得分是标准差倍数，反映一个数据集的离散程度。如果计算结果为正数且显著，则说明存在正的空间自相关[110-111]；否则则为负的空间自相关。为了检验 n 个区域是否存在空间自相关关系，可以通过计算标准化统计量 Z 来检验。Z 的计算公式为：

$$Z = \frac{1 - E(I)}{\sqrt{VAR(I)}} = \frac{\sum\limits_{j=i} w_{\varphi}(d)(x_j - \bar{x}_i)}{s_i \sqrt{w_i(n-1-w_i)/(n-2)}} \quad j \neq i \qquad (6.3)$$

式（6.3）中，$E(I)$ 是 Z 的理论期望，$VAR(I)$ 是 Z 的理论方差，数学期望 $E(I) = -1/(n-1)$。

P 值是用来表示概率的工具。当 P 值很小时，说明观测到的结果产生于随机过程的概率很小，因此可以拒绝零假设。

6.3.2 空间模型选择

鉴于中国城乡医疗卫生基本公共服务均等化水平可能会存在空间依赖性，本书还采用空间计量模型考察 β 收敛特征。空间杜宾模型（SDM）、空间误差模型（SEM）和空间滞后模型（SAR）是最典型的空间计量模型。

1. 空间杜宾模型

考虑到时空固定的杜宾模型中的因变量不仅受到本地自变量的影响，还会受到相邻地区自变量的影响[140]，所以模型中加入了自变量的空间滞后值。如假设区域 i 的被解释变量 y_i 依赖于其邻近区域的自变量，则有：

$$y = X\beta + WX\delta + \varepsilon \tag{6.4}$$

$WX\delta$ 表示邻近区域自变量带来的影响，δ 为相应系数向量。该方程的最大优势在于它不具备内生性，因此可以直接进行普通最小二乘法（OLS）估计。如果 $\delta = 0$，则上述方程式可以简化为一般的线性回归模型。

如果将时空固定空间杜宾模型和空间自回归模型相结合，可以得到新的方程形式：

$$y = \lambda Wy + X\beta + WX\delta + \varepsilon \tag{6.5}$$

实际上，空间杜宾模型和其他不同模型相结合，能够构造出更多种新的复合模型。如空间杜宾滞后模型、空间自相关杜宾模型、空间杜宾误差模型等[109]。

2. 空间误差模型

空间误差模型通过描述空间扰动相关和空间总体相关来解释空间依赖性。其形式如下所示：

$$y = X\beta + \varepsilon$$
$$\varepsilon = \lambda W\varepsilon + u$$

$$u \sim N(0,\ \sigma^2 I_n) \tag{6.6}$$

式（6.6）中，λ 为空间误差相关系数，衡量误差冲击对观察值的影响方向和影响程度。W 为空间权重矩阵，W_{ij} 描述了第 i 个截面与第 j 个截面个体误差项之间的相关性。空间误差模型旨在描述某一地区发生冲击后会以传递的形式对相邻区域造成影响，这一传递形式具有长期延续性和逐步减退的特点。

3. 空间自回归模型

当因变量与其时间滞后值存在相关性时，一般采用空间自回归模型。对于最一般的时间序列，建模方式多为一阶自回归 AR（1）。但是空间自回归的形式更为复杂，所以需要引入空间自回归模型。

$$y = \lambda W y + \varepsilon \tag{6.7}$$

这个模型称为"纯 SAR 模型"。参数 λ 称为空间自回归系数，用来刻画空间依赖性，衡量空间滞后 Wy 对 y 的影响；W 为空间权重矩阵。空间自回归模型也称为空间滞后模型。为了解决模型存在的内生性，在方程中加入自变量，公式变为：

$$y = \lambda W y + X\beta + \varepsilon \tag{6.8}$$

式中，X 为 $n \times k$ 数据矩阵，β 为相应系数向量。

经过最大似然估计，可以得到：

$$Ay \equiv (I - \lambda W)y = X\beta + \varepsilon \quad A \equiv I - \lambda W \tag{6.9}$$

加入信息矩阵元素，方程形式变化为：

$$y = (I - \lambda W)^{-1} X\beta + (I - \lambda W)^{-1}\varepsilon \tag{6.10}$$

最终可以得到平均直接效应、平均总效应和平均间接效应三个计算公式，分别为：

$$平均直接效应 = \frac{1}{n} trace\left[S_r(W) \right] \tag{6.11}$$

$$平均总效应 = \frac{1}{n} \sum_{i=1}^{n} \sum_{j=1}^{n} S_n(W)_{ij} = \frac{1}{n} i_n' S_r(W) i_n \tag{6.12}$$

$$平均间接效应 = \frac{1}{n} \left\{ i_n' S_r(W) i_n - trace\left[S_r(W) \right] \right\} \tag{6.13}$$

通过对以上理论模型的总结，对下文利用空间计量模型研究中国城乡医疗卫生基本公共服务均等化区域差异的收敛性具有较强的指导作用。

6.4　空间关联性检验：Moran's I 指数

如前面所述，中国城乡医疗卫生基本公共服务均等化具有一定的空间差异特征。然而各城市间是否存在空间关联性，则需要进一步验证。为此，在分析 β 收敛趋势之前，本书首先采用 Moran's I 指数考察城乡医疗卫生基本公共服务均等化的空间关联性。Moran's I 指数是分析变量空间关联的重要指标，其值介于 [-1, 1]，当 Moran's I 指数显著大于 0 时，表示各城市城乡医疗卫生基本公共服务均等化水平之间存在空间正相关关系，数值越大意味着空间关联程度越强。反之，如果 Moran's I 指数显著小于 0 时，则表示各城市城乡医疗卫生基本公共服务均等化水平之间具有空间负相关关系，数值越小，负相关程度越强。

表 6-2 为 2012~2020 年中国城乡医疗卫生基本公共服务均等化的全局 Moran's I。从整体来看，中国城乡医疗卫生基本公共服务均等化水平的 Moran's I 均在 1% 的显著水平上大于 0，表明我国城乡医疗卫生基本公共服务均等化具有显著的空间正相关性，即存在明显的空间集聚特征。从演变趋势看，中国城乡医疗卫生基本公共服务均等化水平的 Moran's I 指数呈现出"水平波动—稳定上升"两个阶段演变趋势。其中，2012~2015 年在 0.070 上下波动，随后不断增加，并由 2016 年的 0.0654 增加至 2020 年的 0.0912，增加了 0.0258，涨幅高达为 39.45%。上述结果显示，随着时间的推移，中国城乡医疗卫生基本公共服务均等化水平的空间关联程度正在不断加深。

表 6 - 2   城乡医疗卫生基本公共服务均等化水平的全局 Moran's I

年份	2012	2013	2014	2015	2016	2017	2018	2019	2020
Moran's I	0.0721	0.0694	0.0755	0.0682	0.0654	0.0741	0.0805	0.0883	0.0912
Z 值	7.242	7.010	7.570	6.879	6.644	7.429	8.045	8.794	9.067
P 值	0.000	0.000	0.000	0.000	0.000	0.000	0.000	0.000	0.000

注：表内数据由式（6.2）和式（6.3）计算所得。

6.5 β 收敛模型分析

6.5.1 基于空间回归的 β 收敛模型

β 收敛是从变化的角度考察不同地区间城乡医疗卫生基本公共服务均等化的发展态势，当城乡医疗卫生基本公共服务均等化呈现 β 收敛趋势时，不同地区的城乡医疗卫生基本公共服务均等化水平趋同，即均等化水平较低的地区存在较高的增长速度，逐渐追赶上均等化水平较高的地区。

绝对 β 收敛模型形式为：

$$\ln\left(\frac{y_{i,t+1}}{y_{i,t}}\right) = \alpha + \beta\ln y_{i,t} + \mu_i + \nu_t + \varepsilon_{i,t} \qquad (6.14)$$

式中，β 为收敛系数，$y_{i,t}$ 表示 i 城市在 t 期的城乡医疗卫生基本公共服务均等化水平，μ_i 是城市固定效应，ν_t 是时间固定效应，$\varepsilon_{i,t}$ 是随机误差项。

条件 β 收敛模型考虑了多个影响因素的影响效果。因此，本书参考刘成奎（2018）和辛冲冲（2020）等已有经典文献，选取政府干预程度、财政自主权、经济发展水平、城镇化水平等指标作为控制变量，考察中国城乡医疗卫生基本公共服务均等化水平的条件收敛趋势。条

件 β 收敛模型的具体设定形式为：

$$\ln\left(\frac{y_{i,t+1}}{y_{i,t}}\right) = \alpha + \beta \ln y_{i,t} + \delta' X_{i,t+1} + \mu_i + \nu_t + \varepsilon_{it} \tag{6.15}$$

另外，与空间杜宾模型、空间误差模型以及空间滞后模型分别对应的 β 收敛模型[141]如下式：

$$\ln\left(\frac{y_{i,t+1}}{y_{i,t}}\right) = \alpha + \beta \ln y_{i,t} + \rho \sum_{j=1}^{n} w_{ij} \ln\left(\frac{y_{i,t+1}}{y_{i,t}}\right) + \gamma \sum_{j=1}^{n} w_{ij} \ln(y_{i,t}) + \delta' X_{i,t+1}$$
$$+ \mu_i + \nu_t + \varepsilon_{i,t}$$

$$\ln\left(\frac{y_{i,t+1}}{y_{i,t}}\right) = \alpha + \beta \ln y_{i,t} + \delta' X_{i,t+1} + \mu_i + \nu_t + \varepsilon_{i,t} \quad \mu_i = \lambda \sum_{j=1}^{n} w_{i,t} + \varepsilon_{i,t}$$

$$\ln\left(\frac{y_{i,t+1}}{y_{i,t}}\right) = \alpha + \beta \ln y_{i,t} + \rho \sum_{j=1}^{n} w_{ij}\left(\frac{\ln y_{i,t+1}}{\ln y_{i,t}}\right) + \delta' X_{i,t+1} + \mu_i + \nu_t + \varepsilon_{i,t}$$

$$\tag{6.16}$$

式（6.16）中，w_{ij} 为空间权重，当 i 城市与 j 城市相邻时，w_{ij} 为 1，否则为 0；ρ 是空间滞后系数，表示相邻城市城乡医疗卫生基本公共服务均等化水平增长率对本城市的影响；γ 是解释变量空间滞后系数，表示相邻城市城乡医疗卫生基本公共服务均等化水平的影响；λ 是空间误差相关系数，表示由误差项产生的空间效应。

6.5.2　绝对 β 收敛分析

考虑到全国及东、中、西部三大区域的城乡医疗卫生基本公共服务均等化水平存在空间相关性，本书采用时空固定空间杜宾模型①，来检验城乡医疗卫生基本公共服务均等化水平是否存在绝对 β 收敛。如表 6 - 3 所示，第（1）~（4）列中收敛系数 β 均在 1% 的水平下显著为负，表明在仅考虑地理距离的作用下，各区域城乡医疗卫生基本公共

---

① 本书首先通过 LM 检验判断全国及东、中、西部三大区域城乡医疗卫生基本公共服务均等化水平绝对 β 收敛是否具有空间自相关效应，然后应用 LR 检验和 Wald 检验确定空间杜宾模型（SDM）为最优模型，具体检验结果留存备索。

服务均等化水平均具有明显的绝对 β 收敛特征。

表 6 – 3　　　　城乡医疗卫生基本公共服务均等化水平的绝对 β 收敛

变量	(1)	(2)	(3)	(4)
	全国	东部	中部	西部
β	– 0. 2347 *** (0. 080)	– 0. 1752 *** (0. 055)	– 0. 2261 *** (0. 075)	– 0. 3112 *** (0. 046)
ρ	0. 1534 *** (0. 038)	0. 1034 *** (0. 035)	0. 1999 *** (0. 066)	0. 1437 *** (0. 041)
γ	0. 2213 *** (0. 052)	0. 1424 *** (0. 034)	0. 3223 *** (0. 076)	0. 2043 *** (0. 019)
年份固定	是	是	是	是
城市固定	是	是	是	是
收敛速度	0. 0194	0. 0104	0. 0189	0. 0253
回归模型	SDM	SDM	SDM	SDM
R^2	0. 147	0. 134	0. 164	0. 153
观测值	2385	783	882	720

注：1. ***、**、*分别表示在1%、5%、10%的水平下显著，括号里的数值为标准误。
2. 表内数据由式（6.16）计算所得。

　　这就意味着，在不考虑财政自主权、政府干预程度、经济发展水平以及城镇化水平等因素的情况下，全国及东、中、西部三大区域城乡医疗卫生基本公共服务均等化水平的变化与前期均等化水平呈负相关关系，且向各自的稳态水平收敛。即便东部地区变异系数存在增长现象（见表6 -1），但长期收敛趋势已开始显现。同时，第（1）~（4）列中空间自回归系数 ρ 和 γ 均在1%的水平下显著为正，显示城乡医疗卫生基本公共服务均等化的发展具有明显的空间溢出效应，将会使得邻近地区均等化水平差距逐渐减小。

　　此外，从收敛速度上看，全国及东、中、西部三大区域的收敛速度分别为 1.94%、1.04%、1.89% 和 2.53%，即西部地区的收敛速度最快，中部地区次之，而东部地区的收敛速度最慢。这与新古典经济学中的收敛理论相符，即城乡医疗卫生基本公共服务均等化水平较低的西部地区比均等化水平较高的东中部地区拥有更快的收敛速度。

6.5.3 条件 β 收敛分析

中国各区域间在经济和社会方面的禀赋存在较大差异，绝对 β 收敛可能就源于此类外部因素的影响[142]，为此本书在前文回归的基础上，添加财政自主权、政府干预程度、经济发展水平以及城镇化水平等因素作为控制变量，进一步考察城乡医疗卫生基本公共服务均等化的收敛特征。结果如表 6-4 所示，相较于绝对 β 收敛，第（1）~（4）列中条件收敛系数 β 的绝对值出现小幅增长，且都在 1% 的水平下显著为负，表明在控制了一系列经济和社会因素后，不同区域城乡医疗卫生基本公共服务均等化水平依然存在收敛于各自稳态的趋势，显示收敛趋势真实存在。同时，空间自回归系数 ρ 和 γ 同样都在 1% 的水平下显著为正，且与绝对 β 收敛回归中的结果差别不大，这进一步验证了城乡医疗卫生基本公共服务均等化的发展具有空间溢出效应。

表 6-4　　　城乡医疗卫生基本公共服务均等化水平的条件 β 收敛

变量	(1) 全国	(2) 东部	(3) 中部	(4) 西部
β	-0.2564*** (0.080)	-0.1982*** (0.055)	-0.2428*** (0.075)	-0.3412*** (0.045)
ρ	0.1604*** (0.037)	0.1075*** (0.036)	0.1823*** (0.068)	0.1404*** (0.042)
γ	0.2163*** (0.054)	0.1409*** (0.035)	0.3358*** (0.077)	0.2195*** (0.020)

续表

变量	（1）全国	（2）东部	（3）中部	（4）西部
政府干预程度	0.2472 *** （0.090）	0.2326 * （0.129）	0.2214 ** （0.102）	0.2612 （0.201）
经济发展水平	0.0131 *** （0.003）	0.0539 ** （0.003）	0.0159 *** （0.004）	0.0253 *** （0.009）
财政自主权	− 0.0200 （0.043）	− 0.0002 （0.045）	0.0225 （0.047）	− 0.0734 （0.172）
城镇化水平	− 0.2085 *** （0.060）	− 0.066 *** （0.023）	− 0.2291 *** （0.088）	− 0.6301 *** （0.133）
年份固定	是	是	是	是
城市固定	是	是	是	是
收敛速度	0.0204	0.0115	0.0198	0.0272
回归模型	SDM	SDM	SDM	SDM
R^2	0.162	0.146	0.187	0.164
观测值	2385	783	882	720

注：1. *** 、** 、* 分别表示在1%、5%、10%的水平下显著，括号里的数值为标准误。
2. 表内数据由式（6.15）和式（6.16）计算所得。

从控制变量上看，除第（4）列西部地区外，政府干预程度的回归系数至少能在10%的水平下显著为正，说明政府干预程度能在一定程度上促进我国城乡医疗卫生基本公共服务均等化由低水平向高水平收敛。西部地区政府干预程度的回归系数不显著，可能是由于西部地区政府财政资源有限，向农村地区倾斜力度不足，未能有效促进西部地区城乡医疗卫生基本公共服务均等化向高水平收敛。在第（1）~（4）列中，经济发展水平的估计系数都显著为正，显示经济发展越好的地区城乡医疗卫生基本公共服务均等化向高水平收敛的速度越快，这一结果与常识相符合。而财政自主权的回归系数在不同区域均不显著，说明财政自主权对城乡医疗卫生基本公共服务均等化水平的影响不明显。此外，在第（1）~（4）列中，城镇化水平都在1%的水平下显著为负，表明城镇化减缓了中国城乡医疗卫生基本公共服务均等化水平的收敛趋势。在城镇化进程中，大量医疗卫生方面的专业人才从农村流向城市，这可能是城镇化率与城乡医疗卫生基本公共服务均等化水平负相关的原因。需要说明的是，党和国家对此高度重视，党的十九届五中全会明确指出，推进以人为核心的新型城镇化。这意味着进入"十四五"时期，我国将更加关注城镇化质量，促进城乡协调发展，不断提高城乡医疗卫生基本公共服务均等化水平。

6.6　本章小结

本章旨在探究不同区域城乡医疗卫生基本公共服务均等化在未来一段时间内是否存在向某种水平逼近发展的状态和趋势。为了预测中国城乡医疗卫生基本公共服务均等化差异的发展趋势，本章分别采用 σ 收敛模型、绝对 β 收敛模型和添加了财政自主权、政府干预程度、经济发展水平和城镇化水平作为控制因素的条件 β 收敛模型，研究发现这种收敛趋势真实存在。根据上述研究得到以下结论。

首先，从全国层面看，中国城乡医疗卫生基本公共服务均等化水平的地区差距随时间推移不断缩小；从区域层面看，东部地区城乡医疗卫生基本公共服务均等化的地区差距不存在 σ 收敛的趋势，中部地区正在加速提升城乡医疗卫生基本公共服务均等化水平，而西部地区的城乡医疗卫生基本公共服务均等化的实现力度仍然有待提高。

其次，我国城乡医疗卫生基本公共服务均等化具有显著的空间正相关性，即存在明显的空间集聚特征。且随着时间的推移，中国城乡医疗卫生基本公共服务均等化水平的空间关联程度正在不断加深。

再次，中国城乡医疗卫生基本公共服务均等化差异具有明显的绝

对 β 收敛特征。全国及东、中、西部三大区域城乡医疗卫生基本公共服务均等化水平的变化与前期均等化水平呈负相关关系，且向各自的稳态水平收敛。

最后，在控制了财政自主权、政府干预程度、经济发展水平和城镇化水平后，不同区域城乡医疗卫生基本公共服务均等化水平依然存在收敛于各自稳态的趋势，收敛趋势真实存在。

总之，中国城乡医疗卫生基本公共服务均等化水平较低的地区确实存在较高的均等化发展速度，能够加速赶上城乡医疗卫生基本公共服务均等化水平较高的地区。

第7章 研究结论、改进思路 与政策建议

前几章从理论和实证两个层面分析了中国城乡医疗卫生基本公共服务均等化差异和差异来源、城乡和区域差异形成的历史及现实原因以及差异的收敛趋势。其中，区域差异收敛分析结果显示无论是否添加控制因素，城乡医疗卫生基本公共服务均等化低水平地区都能够加速赶上城乡医疗卫生基本公共服务均等化高水平地区。因此，本章针对城乡医疗卫生基本公共服务均等化区域差异不断缩小的趋势，提出相应改进思路和政策建议，以速度更快、效率更高的方式缩小区域间城乡医疗卫生基本公共服务均等化水平差异，尽快实现中国城乡医疗卫生基本公共服务均等化和区域协调发展。

7.1 研究结论

本书的研究初衷是通过定性与定量相结合的方法，对我国城乡医疗卫生基本公共服务差异进行深入探讨。定性研究方面，在阅读并梳理大量现有相关文献的基础上，形成了城乡医疗卫生基本公共服务差异的理论研究框架；定量研究方面，我们采用了构建指标体系、Kernel 密度估计、Dagum 基尼系数及其分解等方法进行实证分析，并在此基础上利用 σ 收敛模型、Moran's I、绝对 β 收敛模型和添加了财政自主权、

政府干预程度、经济发展水平和城镇化水平作为控制因素的条件 β 收敛模型等空间计量方法进行收敛性分析，形成了五个基本研究结论，较好地实现了研究初衷。

第一，中国城乡医疗卫生基本公共服务均等化水平依然较低。在构建医疗卫生基本公共服务指标体系的基础上，运用熵权法和信息熵原理测度城乡医疗卫生基本公共服务均等化水平，结果显示，2012~2020 年，全国及东、中、西部三大区域的城乡医疗卫生基本公共服务均等化水平都在稳步提升。但是，全国及东、中、西部三大区域的城乡医疗卫生基本公共服务均等化水平均在 0.1 以下，表明目前中国的城乡医疗卫生基本公共服务均等化水平依然较低，城市与农村之间的医疗卫生基本公共服务供给水平存在显著差距；从区域角度来看，东部地区和中部地区的城乡医疗卫生基本公共服务均等化水平始终高于全国平均水平，西部地区的城乡医疗卫生基本公共服务均等化水平最低，显示在医疗改革和资源配置过程中，需要重视各地区在城乡医疗卫生基本公共服务均等化水平上的差异，尤其是应该加强对西部地区的扶持。

第二，中国城乡医疗卫生基本公共服务均等化存在明显的区域差异、省际差异。通过 Kernel 密度估计法绘制全国及东、中、西部三大区域城乡医疗卫生基本公共服务均等化水平的分布动态图，并分别从分布位置、分布形态、分布延展性以及极化程度四个方面展开分析。分析结果显示全国、东部地区和西部地区的城乡医疗卫生基本公共服务均等化水平具有分散化集聚特征，而中部地区的城乡医疗卫生基本公共服务均等化水平主要表现为聚合性区域集聚特征。从省际层面来看，整体上不同省份的城乡医疗卫生基本公共服务均等化水平存在显著差异，均值高于整体水平的省份有 12 个，均值低于整体水平的省份有 11 个。从演变趋势来看，中国省际城乡医疗卫生基本公共服务均等化水平总体呈现出波动上升的趋势。

第三，超变密度是中国城乡医疗卫生基本公共服务均等化差异的主要来源。通过 Dagum 基尼系数及其分解法，从总体差异、区域内差异和区域间差异三方面对 2012～2020 年全国及东、中、西部三大区域城乡医疗卫生基本公共服务均等化水平进行考察，结果如下：从总体差异角度看，整体上我国城乡医疗卫生基本公共服务均等化的空间差异并不明显。从区域内差异角度看，西部地区的城乡医疗卫生基本公共服务区域内差异最大，中部地区次之，东部地区最小。从演变趋势看，东部地区的区域内差异波动上升，中部地区的区域内差异快速下降，西部地区的区域内差异稳步下降。中部和西部地区的非均衡现象得到了改善。从区域间角度看，中部和西部地区的差异最大，东部和西部地区的差异次之，东部和中部的差异最小。

因此，中国城乡医疗卫生基本公共服务均等化差异的主要来源是超变密度，也就是城乡医疗卫生基本公共服务均等化水平较低地区中的均等化水平较高城市和城乡医疗卫生基本公共服务均等化水平较高地区的均等化水平较低城市之间的差距。区域内差异影响次之，区域间差异影响最小。

第四，随着时间的推移，中国城乡医疗卫生基本公共服务均等化的差异不断缩小。本研究通过 σ 收敛模型、Moran's I、绝对 β 收敛模型和添加了财政自主权、政府干预程度、经济发展水平和城镇化水平作为控制因素的条件 β 收敛模型，对中国城乡医疗卫生基本公共服务均等化区域差异的发展趋势进行考察，以确定城乡医疗卫生基本公共服务均等化水平较低的地区是否存在较高的均等化发展速度，进而能够加速赶上城乡医疗卫生基本公共服务均等化水平较高的地区。分析结果显示：中国城乡医疗卫生基本公共服务均等化水平的地区差距随时间推移不断缩小；不同区域的城乡医疗卫生基本公共服务均等化具有显著空间正相关性，且这种空间关联程度随着时间的推移正在不断加深。不管是否添加控制变量，各区域城乡医疗卫生基本公共服务均等化均存在明显的稳态收敛特征。各控制变量对城乡医疗卫生基本公共服务均等化区域差异的影响如下：政府干预程度能在一定程度上促进我国城乡医疗卫生基本公共服务均等化由低水平向高水平收敛；经济发展越好的地区城乡医疗卫生基本公共服务均等化向高水平收敛的速度越快；财政自主权对城乡医疗卫生基本公共服务均等化水平的影响不明显；城镇化减缓了中国城乡医疗卫生基本公共服务均等化水平的收敛趋势。

第五，导致中国城乡医疗卫生基本公共服务差异的主要原因有国家相关政策变化与调整、基础性条件差异、医疗保障体系建设与发展和公共财政体制演进及改革。首先，国家相关政策变化与调整对中国城乡医疗卫生基本公共服务均等化差异的影响主要体现为政策在引导城乡二元结构发展、市场经济体制确立、城乡医疗卫生基本公共服务体系建设和以人民健康为中心的发展理念方面的作用。其次，基础性条件差异对中国城乡医疗卫生基本公共服务均等化差异的影响则主要体现在区位条件、经济发展水平和地方政府决策三个方面。再次，医疗保障体系从初步建立到不断完善的过程也对中国城乡医疗卫生基本公共服务均等化差异造成不同影响。最后，公共财政体制演进及改革对中国城乡医疗卫生基本公共服务均等化差异的影响则主要包括公共财政体制演进、分税制改革、"营改增"等一系列改革措施以及基本医疗卫生转移支付制度四个方面。

7.2　改进思路

本书针对城乡医疗卫生基本公共服务均等化低水平地区正在加速追赶城乡医疗卫生基本公共服务均等化高水平地区、城乡医疗卫生基本公共服务均等化差异不断缩小的事实，基于福利经济学中"国民收入均等"及"帕累托最优"理论、分配正义与补偿公平理论，以及公共治理理论下的政府、市场与社会三边互动混合配制模式和马克思公平分配思想的启示，从优化医疗卫生基本公共服务存量资源配置的均衡性、加大医疗卫生基本公共服务增量资源分配的倾向性、兼顾医疗卫生基本公共服务资源配置中的公平与效率和坚持发展生产力、促进社会财富不断增长四个方面提出相应改进思路，快速、高效地促进中国城乡医疗卫生基本公共服务均等化，缩小区域间差距，尽快实现中国城乡医疗卫生基本公共服务均等化的区域协调发展。

7.2.1　优化医疗卫生基本公共服务存量资源配置的均衡性

提升中国医疗卫生基本公共服务资源均衡配置水平是一项长期而复杂的工程。需要整体规划、统筹协调、分阶段并按计划进行。第一步就是在当前存量配置基础上，进一步优化存量资源的均衡性，打造资源均衡配置的良好环境，从而促进医疗卫生基本公共服务水平稳步提升。

1. 福利经济学中"国民收入均等"及"帕累托最优"理论的启示

福利经济学指出，政府提供公共产品需要考虑外部性、垄断和规模效益以及社会平等三个方面的内容。面对准公共产品，政府则应该通过淡化其消费数量的非均等化或者忽略准公共产品直接提供这项服务。当前，我国进入高质量发展阶段，公共卫生突发事件频繁出现，人们对医疗卫生基本公共服务需求不断扩大。面对如此严峻的内外环境，政府应该对医疗卫生基本公共服务资源配置予以干预，弱化其局部竞争性和排他性，以保障资源在不同区域、不同群体之间的均衡配置。因此，福利经济学中的国民收入均等化和帕累托最优理论具有重要的启示意义。

首先，是国民收入均等化理论。福利经济学理论体系的创立者、古典福利经济理论代表庇古提出国民收入均等化，他认为人的本性即为追求最大利益，如果想要实现社会福利的最大化，一是增加个人的实际财富，二是将富人财富转移给穷人，以此提高国民收入的均等化程度，从而提升社会福利实现程度和整个社会的满意度。国民收入均等化理论对于推动医疗卫生基本公共服务均等化具有重要的借鉴意义。优化医疗卫生基本公共服务存量资源配置的均衡性有助于提高经济发展水平较低的偏远地区和农村的医疗卫生服务水平，降低当地人民群众的医疗卫生支出，增加个人实际财富，是实现社会福利最大化的重要途径。国家将富人财富转移给穷人的主要途径是财政支出和转移支付等财政手段。所以，完善财政支出和转移支付制度，使其向医疗卫生基本公共服务事业倾斜、向经济发展水平落后的偏远地区和农村倾斜，将有效改善城乡医疗卫生基本公共服务的区域差异现状。

其次，帕累托最优理论。以经济效率作为研究核心的新福利经济理论代表帕累托提出的"帕累托最优"是资源分配的理想状态。他认为，在收入分配和资源数量既定的情况下，对生产资源进行任意重新配置，当无法使任何人的福利增加而不以其他人的福利减少为代价时，这就是帕累托改进，也称为帕累托最优。在帕累托最优状态下，没有更多改进的余地。由于个人收入分配和医疗卫生资源的既定性，只有对医疗卫生公共服务资源的配置实现最优化，才能实现社会服务最大化。而医疗卫生公共服务资源配置的最优化状态，就是医疗卫生公共服务资源配置的均等化状态。为了实现医疗卫生公共服务资源配置的均等化状态，首先需要针对医疗卫生基本公共服务的存量资源进行优化配置。根据帕累托最优理论，政府机构应该通过制定相应政策促进医疗卫生基本公共服务资源配置尽可能达到最优状态，虽然这样做的后果在短时间内会使一部分人利益受损，但从长远角度来看，医疗卫生基本公共服务均等化所带来的社会利益增长能够有效弥补短时间内的受损者利益，从而实现社会福利的整体提高。当人们面临疾病困扰可以不分地域、不分户籍、不分职业和社会地位平等享受医疗卫生基本公共服务机会时，将实现"全社会效用最大化"，即人民身心健康，社会长治久安。

2. 具体改进思路

根据福利经济学中的国民收入均等化及帕累托最优理论的核心思

想，提出以下改进思路：

第一，注重资源共享。医疗卫生基本公共服务资源共享在节约医疗卫生支出的同时，能够有效提升医疗卫生基本公共服务资源的使用效率。医疗卫生基本公共服务资源共享主要体现为医生资源共享和服务机构、服务设备等服务资源共享两部分。

第二，调整医疗卫生基本公共服务基础设施建设结构。基础设施结构是指不同医疗卫生机构的基础设施之间及单个医疗卫生机构内部基础设施之间的相互关系。地方政府财政能力不足，医疗卫生基本公共服务建设经费有限，为了在有限经费前提下继续推进医疗卫生基本公共服务均等化发展，调整现有医疗卫生基本公共服务资源结构以实现存量均衡至关重要[156]。为此，地方政府和医疗卫生主管部门需要对现有基础设施进行区域内和区域间的重新规划和调整。

第三，平衡医护人员的数量和质量。对于经济发展水平和医疗卫生基本公共服务水平相对落后的地区和农村来说，除了缺乏诊断设备等基础设施，还缺乏有经验的、诊疗水平高的医护人员，其数量和质量在城乡以及不同区域间的失衡配置是中国城乡医疗卫生基本公共服务均等化区域差异的重要原因。在推动医疗卫生基本公共服务存量资源均衡配置过程中，应关注医护人员的合理分布，尽可能保证不同医疗卫生机构之间的医护人员数量及质量处于相对平衡状态。

7.2.2　加大医疗卫生基本公共服务增量资源分配的倾向性

增量资源是指可供增配的资源以及对存量资源盘活后形成的可供支配的资源。本书所指的医疗卫生基本公共服务增量资源既包含现有医疗卫生资源基础上的整合再利用资源，也包含新投入、开发、分配的医疗卫生资源。把握增量医疗卫生资源的分配，既是对存量医疗卫生资源的进一步开发和利用，也是提高新投入资源均衡配置效率的重要手段。总之，医疗卫生基本公共服务增量资源与医疗卫生基本公共服务存量资源相辅相成，二者需互相促进、协调发力，才能促进医疗卫生基本公共服务资源在城乡和地区间均衡发展。

1. 分配正义与补偿公平理论的启示

分配正义是指权利、资源、社会财富、荣誉等分配的正当性和合意性。亚里士多德认为世界上一切生物都按照内在的、特定的"秩序参数"演化，人类社会的互益性政策也是如此。如早期的慈善事业以施舍和救济为主要内容，后来演化为以普惠性为特征的公共服务事业，相应地从维持最低生计演化到基本权益保障，也是内在和特定"秩序参数"影响的结果。约翰·罗尔斯在《正义论》中提出了分配正义主张和著名的公平性原则，他认为"正义"即"公平"，指的是自由、机会、收入、财富，甚至自尊都应该被平等地分配。所以分配正义是一种实质性正义，它不仅是游戏规则的正义，还是一种公平的社会秩序。在现代社会，为了保护人权，分配正义已经逐渐演化为国家通过强制手段针对某些资源进行集中分配，以保证每个社会成员都能获得一定水平物质待遇的形式。

但是，分配正义的实现是需要条件的，即制度可行、道德基础保证、达成共识的分配资源，三者缺一不可。在分配正义条件不足或者分配正义无法实现时，罗尔斯在差别原则基础上提出了"补偿原则"。罗尔斯认为，出身和天赋不平等是客观存在的，应该针对这些处境不利者给予某种补偿，从而实现公平的正义[157]。补偿公平的本质是通过一定手段实现享有权利和机会的平等，最终实现结果的公平。补偿原则是实质正义的主要组成部分，也是"均等化"的实质性内涵。

按照亚里士多德演化论和罗尔斯正义论的观点，国家针对"最不利者"设置补偿性制度，不是出于怜悯的施舍，而是出于文明社会自身演化的需要，这个演化的"秩序参数"就是分配正义与补偿公平。分配正义与补偿公平原则为医疗卫生基本公共服务增量资源分配的倾向性提供了重要的理论借鉴，其核心思想是国家对市场运行失灵进行宏观调控。具体地说，如果相关政策出台无法实现实质意义上的分配正义，会使一部分人受益、一部分人受损，那么国家应该采取措施从受益者那里取走一部分利益，来补偿受损人群的利益。这就是罗尔斯曾指出的：若要得到最终公正的结果，则实质的正义与程序的正义缺一不可，同时需要符合"自由平等"和"差异化优惠待遇①与机会均等②"两条原则。

我国的医疗卫生基本公共服务均等化，不是形式上的均等化，而是实质上的均等化。这种均等化意味着机会公平、过程公平和结果公平的全方位考量。但是，"市场的整体成就深深地依赖于政治和社会安排"③。市场失灵时常出现，伴随信息不对称、外部性、垄断、公共物品短缺、资源及财富分配不均等一系列问题，这都需要政府出面对交易公平进行干预和修正。所以，国家需要在医疗卫生资源分配过程中关注分配正义，还要出台相应的补偿性公共政策，对影响机会均等的自然环境、社会条件、已有制度等进行修正，对那些生来便处于劣势的人群进行救助和补偿，从而在最广泛的意义上促进人们享受医疗卫生基本公共服务机会的均等化，实现真正的社会公平。

2. 具体改进思路

根据分配正义与补偿公平理论的思想，现提出如下改进思路：

第一，加大对中西部偏远地区以及农村的政策支持力度。通过强有力的政策手段促进医疗卫生基本公共服务增量资源向医疗卫生基本公共服务水平较低地区倾斜，使之尽量与乡村振兴战略、新型城镇化发展方向保持一致。

第二，加大对中西部偏远地区以及农村的资金支持力度。通过财政手段、金融手段等方式增加资金注入力度，支持发展医疗卫生基本公共服务水平落后地区和农村的医疗卫生基本公共服务事业。以人人

---

① "差异化优惠待遇"是指应该对弱势群体进行资源倾斜和利益补偿。
② "机会均等"是指社会范围内所有群体获取资源的机会平等。
③ 资料来源：阿马蒂亚·森. 以自由看待发展 [M]. 北京：中国人民大学出版社，2002：第五章.

享有医疗卫生基本公共服务的机会均等为目标，合理安排医疗卫生机构的增、撤、并，使医疗卫生机构等医疗卫生服务资源向这些地区倾斜，以补偿当地人民群众由于医疗卫生基本公共服务水平较低导致的享受不均。

第三，特别关注中西部偏远地区及农村医疗卫生基本公共服务水平的提升。推进医疗卫生体制改革、完善分级诊疗制度、创新管理体制等有助于实现医疗卫生基本公共服务高水平地区对低水平地区的帮扶和带动作用。

7.2.3　兼顾医疗卫生基本公共服务资源配置中的公平与效率

"公平优先，兼顾效率"原则在缩小城乡医疗卫生基本公共服务均等化区域差异的过程中同样适用。只不过此处提到的公平与效率兼顾并不仅仅指资源的数量，而是指不同地区在得到最基本的医疗卫生资源前提下，最大化实现基础设施、财政经费、医护人力资源的均衡配置；同时，通过政府、市场和社会的力量混合配置资源，促进医疗卫生基本公共服务均衡、健康和高质量地发展。

1. 公共治理理论中政府、市场与社会三边互动混合配置模式的启示

经济的发展导致公共事务数量和规模不断扩大，单纯依靠政府调控、市场机制或者公民社会自治都无法高效完成公共事务管理。因此，公共治理理论提出不应该要求政府一直这样疲于应对，而应该重视政府、市场和公民社会①通过合作、协商、伙伴关系确定共同的目标，实现对公共事务管理的系统合作关系[158]。政府调控、市场机制和社会自

———————

① 公民社会是指由自由的公民和社会组织机构自愿组成的社会，被称为政府、市场之外增进社会公共利益的"第三只手"，其核心主体是以自发秩序形成、旨在维护和促进自身利益或价值的民间社会组织，包括公民的志愿性团体、利益集团、各种协会组织以及非政府组织等。

治机制各有优势，同时弊端很明显，而对三者整合优化后形成的新机制能够有效规避各自弊端、发挥比较优势，实现对公共事务公平优先、效率兼顾的治理态势[159-160]。

首先，通过政府调控对公共事务进行管理。亚当·斯密在其《国富论》等多部著作中提出政府是国家的"守夜人"的观点。因此，政府不仅是公共利益的主要代表，还是公共事务的主要管理者。政府调控能够高效解决公共服务的"搭便车"和"不合作"问题。因此，以政府为主体的计划配置方式是用"看得见的手"进行事前调节①，通过设置计划指标、制定经济政策，合理利用经济杠杆实现国家对公共管理事务的管理和调节。

其次，通过市场机制对公共事务进行管理。市场这只"看不见的手"通过价值规律进行事后调节②主要体现在两方面。第一，供求关系引起的生产要素及产品的价格发生波动会引起资源在不同部门之间进行均衡配置。第二，市场经济以追求利益最大化为目标，经济利益的分配由经济主体之间竞争的胜负来决定，从而再次对资源配置产生影响。依靠市场机制进行资源配置的方式具有诸多优点，如有利于推动生产技术进步和生产要素按需合理流动，从而实现更加高效的资源配置[161]。但是，如果公共事务全部交由市场机制进行管理，则极易出现"公共牧地悲剧"，导致公共利益受损。因此，在公共产品服务市场中，以市场机制为主体的管理模式根本无法实现，必须依靠强有力的中央集权进行统一规制[162-163]。

最后，通过社会自治机制对公共事务进行管理。公民社会能够有效克服公共产品的"搭便车"和"不合作"现象。关于公民社会在公共事务管理中的作用，公共行政学家费雷德里克森在其著作《公共行政的精神》中做了详细阐述，他认为不应该把所有公共事务全部交由

---

① 资料来源：凯恩斯. 就业、利息和货币通论 [M]. 北京：中国社会科学出版社，2009.

② 资料来源：亚当·斯密. 国富论 [M]. 北京：人民日报出版社，2009.

政府处理，因为公共利益是大家的利益，需要大家一起参与和维护[164-165]，因此，应该鼓励人民群众积极参与公共事务管理，培养他们的公共理念，也培养他们参与公共事务的能力[158][166-167]。因此，公民积极参与公共事务的管理，可以将分散的个人利益诉求整合成一部分人的共同利益诉求，以自治的方式提供公共产品或服务，这种集体行为在一定程度上影响相关政策的制定和实施[168]。

2. 具体改进思路

随着生活水平的不断提高，人们对医疗卫生基本公共服务种类和质量的要求越来越高，单纯依靠目前单一的公立医疗卫生服务机构难以满足人们的多样化需求。因此，应该鼓励医疗卫生基本公共服务机构走特色化、多元化发展道路。根据公共治理理论中政府、市场与社会三边互动混合配制模式的相关内容，提出如下改进思路。

首先，应该营造一个宽松的环境，以吸引社会资本，同时鼓励社会办医。大力发展中医馆等特色医疗卫生服务机构，并将其纳入医疗卫生基本公共服务体系；同时积极创办公益性医疗卫生服务机构，打造以公立医疗卫生服务机构为主体、私立医疗卫生服务机构为辅助、公益性医疗卫生服务机构为补充的三位一体式医疗卫生公共服务体系。

其次，要构建多层次的医疗卫生基本公共服务体系。为了满足人民群众不断增长的医疗卫生服务需求，同时有计划地防范突发性公共卫生事件，规避医疗卫生资源挤兑带来的风险，需在三位一体式医疗卫生公共服务体系的基础上进行多层次改造。

层次化管理可实现有效分流病患、避免资源挤兑，进而推动人民群众享受医疗卫生基本公共服务机会均等的实现，即在实现公平性的基础上兼顾效率。

7.2.4　坚持发展生产力，促进社会财富不断增长

1. 马克思公平分配思想的启示

在马克思晚年作品《哥达纲领批判》一书中曾提到："'公平分

配'不是抽象的平等权利概念，而是建立在一定生产方式基础上，是由生产的物质条件所决定的。"这说明，公平分配的实现取决于社会生产力的发展水平和社会财富的增长与丰富；恩格斯也认为只有足够数量的产品可供分配，通过分配方式实现公平才具备可能性。所以，脱离生产力和社会财富谈公平，只能导致"普遍的禁欲主义和粗陋的平均主义"。马克思与恩格斯认为公平的实质是对现阶段经济关系的抽象反映，所以公平的含义应该由生产实践决定并伴随生产力的提高和社会发展阶段的演变而发生变化。那么对公平的讨论就应该建立在具体的经济社会制度之上。马克思认为，只有到共产主义社会高级阶段，生产力极度发达和集体财富极大丰富、能够"各尽所能，按需分配"的时候，才有可能实现真正的公平和所有人的自由全面发展，从而实现真正的社会平等和消费资料分配的结果公正。所以，马克思和恩格斯认为的公平既是历史的、又是相对的概念，不仅体现在经济等多个领域，还包括政治和社会地位的公平。

因此，马克思主义的公平思想从社会层面对公平性本身进行分析，对本书具有重要的借鉴意义。根据马克思主义的公平思想，真正的公平和所有人的自由全面发展需要到生产力高度发达、集体财富极大丰富的共产主义阶段才可能实现。目前，我国仍处于社会主义初级发展阶段，受生产力和经济发展水平限制，资源分配只能依靠按劳分配为主、多种分配方式并存的分配制度以调和生产关系，任何领域都不可能完全实现马克思公平正义思想下的"真正公平"。由此，现阶段的中国存在城乡医疗卫生基本公共服务均等化的区域差异是必经历史阶段，想要改善城乡医疗卫生基本公共服务区域差异显著的现状，促进经济发展以提高生产力、促进社会财富的不断增长则是根本手段。

2. 具体改进思路

影响生产力的五个因素分别为生产关系、上层建筑、科学技术、资本与劳动力以及自然资源与生产工具。因此，提高生产力则应从以上五个方面着手。第一，适度调整生产资料所有制形式、人们在生产中的地位和关系以及产品分配形式等生产关系，使之与生产力发展相适应；第二，完善政治、经济、科技、文化和法律等领域的制度制定与执行，使之满足生产力发展的需求；第三，突出科学技术作为第一生产力的作用，实施科教兴国和人才强国战略，大力发展科学技术，增强自主创新能力；第四，要保证人口数量，通过发展医疗卫生事业和教育事业推动劳动力素质的不断提升，此外，还要营造宽松的环境，发挥资本市场在促进生产力发展过程中的重要作用；第五，利用优越的自然环境资源和先进的科学技术实现生产工具的不断革新，促进生产力跨越式发展。

7.3　具体政策建议

根据研究结论及改进思路可见，推进城乡医疗卫生基本公共服务均等化以更快、更好地实现区域协调发展，要坚持政府的主导地位不改变的原则，并重点关注政府在其实现过程中的作用[169-170]。因此，下文从提高政府供给能力、政府服务能力、政府服务质量和群众满意度四个角度详细阐述具体政策建议。

7.3.1　提高政府供给能力

提高政府供给能力先要以坚持和完善社会主义基本经济制度为基础，并将其优越性转化为治理效能。在此基础上，从支持政策制定、资金筹措方式和政府在公共财政体制建设方面应做的改进三个维度提出具体政策建议。

1. 坚持社会主义基本经济制度，并将其优越性转化为治理效能

第一，必须坚持社会主义基本经济制度不动摇。改革开放以后，社会主义基本经济制度创造了经济发展的奇迹[171-172]。因此，只有坚持社会主义基本经济制度不动摇，才能不断完善市场经济体制[173]，从而最大限度地推进经济的高质量发展，实现生产力的快速提高。只有生产力不断提高，国家才有能力为人民群众提供数量更多、质量更高、覆盖范围更广的医疗卫生基本公共服务产品，从而推动医疗卫生基本公共服务水平的城乡统筹和区域协调发展，最终实现共同富裕的长远目标。

第二，将社会主义基本经济制度的巨大优越性转化为治理效能。只有通过制定一系列与经济发展水平和人民群众生活水平实际相符合的政策、制度，社会主义基本经济制度的巨大优越性才能转化为治理效能。推进共同富裕目标的实现，需要在政策、制度，甚至是体制上为人民群众创造公平参与和享受的机会，向上畅通流通渠道，给更多人创造发家致富的机会；同时提升政策的公平性和精准性，帮助更多经济困难人群摆脱贫困。在促进生产力快速发展的基础上，继续推进包括医疗卫生基本公共服务在内的基本公共服务体系的建设和完善，努力缩小医疗卫生基本公共服务在城乡和区域之间的差距，便是将社会主义基本经济制度的巨大优越性转化为治理效能的有效途径。

2. 加大弱势地区扶持及补偿机制建设，推动医疗卫生基本公共服务体系结构优化

国家及各级政府应科学制定并切实落实对弱势地区的扶持及补偿政策，完善扶持及补偿机制。政策制定应该考虑到科学性、民主性、全面性、均衡性、灵活性和可行性等多个方面。如果政策制定缺乏科学性和民主性，则容易带来制度性的不均等，扩大之前的不均等状况；如果缺乏全面性、均衡性、灵活性和可行性，那么会影响人民群众享受医疗卫生基本公共服务的效果，有悖于国家提供基本公共服务的目的，导致医疗卫生基本公共服务的政策性地区失衡[141]。为了保证政策落实的效果，应重视干部考核制和行政问责制的监督和激励作用，规避部分工作人员由于责任意识欠缺导致的对政策误解、曲解或者乱作为、不作为现象，防止政策执行偏离本意。因此，提升政策制定和实施的公平性至关重要。下面从扶持政策、专项政策、相关配套政策三方面进行阐述。

首先，应该制定和实施扶持及补偿政策。各级政府应以提升薄弱地区医疗卫生基本公共服务水平为重点，尝试建立相关补偿制度或者扶持政策。(1) 根据经济发展水平和医疗卫生基本公共服务水平，建立动态筹资增长机制，确保医疗卫生基本服务顺利提供。借鉴农业、教育、科技等领域在财政支出中设有法定增长比例的经验，设置医疗卫生基本公共服务支出在财政支中的法定增长比例，确保服务经费增长与经济发展水平、医疗技术水平和群众需求相适应。(2) 在基础设施建设存量方面给予弱势地区政策倾斜和支持。如制定专门的政策将优质的存量医疗卫生资源重新在区域内、区域间进行分配，加强对经济发展水平相对落后地区、农村地区的倾斜力度。(3) 在资金投入和基础设施增量方面，制定专门扶持政策将更多优质医疗卫生资源直接投入到城乡差距较大的西部地区，同时加快将工作重心由当前建设大城市核心医院转向完善社区及农村基础医疗卫生体系，并把改善相对落后地区及农村的医疗卫生条件作为首要任务。

其次，制定和实施专项医疗卫生政策。政府及医疗卫生主管部门应设置专项政策引导各类资源向弱势地区倾斜，推动优质医疗卫生资源下沉到基层。(1) 通过建立形式多样的医疗联合体或者集团化医疗卫生机构，发挥大型公立医院辐射带动作用的同时，将优质医疗卫生资源下沉到基层[120]。(2) 分批次安排专职医疗人员下基层，将其驻村服务表现与未来发展相联系，激励医疗卫生领域的专业人才深入我国中西部以及农村地区，在服务当地的同时传递和普及医疗卫生专业知识，以缩小城乡医疗卫生基本公共服务人力资源均等化水平的区域间差距。

最后，要加强相关配套政策的制定和实施。为了配合扶持政策和专项政策的制定及实施，必须同时出台相关配套政策，进一步明确各级各类医疗卫生机构的功能定位，尝试取消医院等级制及排名，采取不同激励措施充分调动各级各类医疗卫生机构积极性的同时，提倡利用"互联网＋"等手段，实现医疗卫生资源的共享与整合。另外，为了更好落实专职医疗人员下基层工作，必须制定诸如工资福利、家属安置、编制配套、职称评定等专项配套政策，对前往医疗资源薄弱地区的人员给予照顾。制定民主、科学、灵活、全面的政策，有助于形成多方兜底的医疗卫生基本公共服务政策网络体系。

3. 建立政府主导的多元化投入机制，拓宽城乡医疗卫生公共服务资金来源

在医疗卫生基本公共服务领域，正确处理政府与市场关系是提高医疗卫生基本公共服务水平，缩小地区间和城乡间差距的重要手段。坚持医疗卫生公共服务政府主导的同时，激发市场和社会活力，规范外部资本进入医疗卫生基本公共服务事业，在满足人民群众多样化需求的同时，提高医疗卫生基本公共服务供给效率。

第一，以政府为主导的投入机制，可以利用金融市场的信用机制，开展以地方政府为信用主体、地方财政为担保的信用贷款等多元融资模式，实现财政手段和金融手段联手开拓资金渠道的创新运作模式[174]，保证将足额资金投向医疗卫生基本公共服务薄弱的地区、薄弱的人群和薄弱的方面。

第二，注重多元化投入机制建设。根据前文研究可知，城乡医疗卫生基本公共服务均等化的区域差异很大程度上源于各地区专项资金支持力度不同。然而，均等化水平较低地区的经济发展状况普遍相对落后，这使得当地对农村医疗卫生的支持资金有限。为此，政府部门应根据乘数效应原理，使有限的财政资金发挥尽量大的作用，将社会资本、民间资本和外来资本等多种资本投入方式综合利用，使其顺利进入医疗卫生事业，在制定相应准入标准的同时，对合法、规范经营的机构，从人员、设备、融资、财政和税收优惠等方面给予相应的政策支持。从国外的实践经验来看，吸收民间资本有助于形成医疗卫生投入多元化的新格局，因此中国同样可以展开类似投入多元化的医疗改革，这不仅能满足人们多层次的医疗卫生需求，同时有助于提升专项资金在农村医疗卫生体系中的下沉效率和利用能力，进而使全国各地的城乡居民都能同等地享受医疗卫生基本公共服务。

第三，在医疗卫生基本公共服务多元化投入机制改革的过程中，需要特别注意和防范医疗卫生基本公共服务供给的不当市场化所引发的"泛市场化"后果。如果把不能、不该市场化的部分市场化了，政府的主导权就会丧失，人民群众在医疗卫生基本公共服务方面的消费成本会不降反升，反而加剧服务不均等和社会不公平现象。为防止类似不良结果出现，应该明确医疗卫生基本公共服务中不可市场化和可以尝试市场化部分的边界。具体来说：（1）坚持医疗卫生基本公共服务供给的政府主导原则。在公共财政体制下，政府具有经济调节、市场监管、社会管理和公共服务等多项职能。多元化投入机制不代表政府放弃医疗卫生基本公共服务的直接管理权，而是允许市场和社会力量提供公共服务，政府通过出资购买等方式将医疗卫生公共服务合理分配给不同地区和人群，以保障其基本生存和发展的需要。（2）分层次、分区域划分政府与市场的边界。有些医疗卫生基本公共服务只有由政府来提供才能实现真正的社会公平。如针对经济发展水平和医疗卫生基本公共服务水平落后的西部偏远地区及农村，政府应该更多、更直接地发挥医疗卫生基本公共服务资源的供给作用；而在城市以及经济发达、医疗卫生服务水平较高的地区，可以更多依靠市场和社会力量发挥更多作用。

4. 完善公共财政体系，优化转移支付制度

完善公共财政体系、优化公共财政政策制定和实施是政府提供优质医疗卫生基本公共服务项目的重要保证。其中，完善公共财政制度、优化转移支付制度是解决医疗卫生基本服务水平城乡及区域不均等的关键手段，应该让财政政策在实现医疗卫生基本公共服务均等化过程中发挥更大、更高效的作用，以更好地促进机会平等和社会公平。

首先，规范各级政府事权和财权划分，改善基层财力匮乏局面。合理并明确界定各级政府提供医疗卫生基本公共服务的事权比例，同时确保其具有与事权相匹配的财权，以便政府有能力提供医疗卫生基本公共产品和服务。具体措施如下：（1）由于县域以内的医疗卫生基本公共服务具有明显的外部性，因此由中央、省、县三级政府承担的事权和财权交由中央和省级政府负担，能够明显降低县级政府的财政压力。（2）农村地区之间的经济发展水平不尽相同，所以不同发展水平的农村医疗卫生事业支出，应该设定不同的中央、省和县三级政府负担比例。经济发展水平较低的农村，中央和省级应该承担的事权和财权更大；经济发展水平较高的农村则可以设置县一级财政负责。（3）明晰省级以下各级政府在医疗卫生基本公共服务方面的支出责任，同时多渠道扩展其财政收入，增强地方政府的财政实力。

其次，充分利用税收手段，实现财政收入的实质性增加，同时调节城市和农村以及不同区域之间的收入分配差距。（1）根据经济发展的实际情况，适时调整个人所得税税制、修改个人所得税税率，并考虑实行地区间、城乡间个人所得税税率差别化政策，同时对特定支出实行优惠抵扣。（2）逐步开征遗产税和赠予税、社会保障税等税种，用以调节社会贫富差距、体现社会公平与正义。（3）大力培育以地方政府为主体的税种，通过增加财政收入来缓解财政支出压力。

再次，优化购买性公共支出结构，推动医疗卫生基本公共服务均等化发展。公共支出应坚持以人为本，统筹兼顾各个地区并科学规划城乡配置，各级政府应逐步退出一般性竞争性领域，节约财力用于基本公共服务均等化建设，并向基本公共服务体系中的最薄弱环节倾斜。针对医疗卫生基本公共服务均等化水平较低的现状，各级政府应在兼顾经济发展的同时，优化购买性公共支出结构，使购买性支出向经济发展水平和医疗卫生基本公共服务水平相对落后的西部地区和农村倾斜，着力解决落后地区人民群众面临的突出困难和问题，公共财政的公共性和民生性应该得到充分体现。

最后，优化转移支付制度，充分发挥其调节地区差距的职能。优化转移支付制度的目标是提高城乡医疗卫生基本公共服务均等化水平和实现区域均衡发展，具体政策建议如下：（1）增加转移支付力度，提高专项转移支付比例，加大财政资金对医疗卫生基本公共服务的精准扶持。在中央对地方转移支付的总额中，一般性转移支付已经达到60%左右，有效缓解了地方政府的财政压力。但是，受经济发展压力和政绩考核的影响，地方政府对一般性转移支付的支出选择不同，难以保证转移支付资金在医疗卫生基本公共服务领域的投入。因此，应该适度提高医疗卫生专项转移支付比例，缓解地方政府在发展医疗卫生基本服务过程中的财政压力，才能促进公平，保证效率。同时，尝试在一般性转移支付的支出额度中设置医疗卫生基本公共服务和其他服务项目之间的比例范围，以此协调地方政府在不同事务之间的财政支出力度。（2）解决转移支付"跟人走"的问题。转移支付只有跟着人走，才能使医疗卫生基本服务均等化和人的流动布局相匹配，才能促使公共服务真正转化为公共消费，从而平等地提升广大人民群众的素质和能力，促进人力资本积累，缩小群体性鸿沟。（3）完善省级以下转移支付制度。科学、合理的转移支付制度是实现城乡医疗卫生基本公共服务均等化最直接且最具成效的手段，但是地方政府对转移支付资金能否公平分配直接影响转移支付的效率，因此，完善省级以下地方政府的转移支付制度迫在眉睫。由于地方政府财政压力大、财政资金紧缺，地方各级政府以及地方政府内部部门之间在财政资金的使用上竞争激烈，专项转移支付资金被提前挪用、错用、乱用等现象屡屡发生，导致医疗卫生基本公共服务事业的发展被搁置甚至忽略。因此，通过建立转移支付使用考核机制、在地方政府内部建立督导机制等方式监督经费开支方向及数额，同时建立人民群众知情同意机制，提高其参与权和监督权，以保证省级以下一般性转移支付资金的合理分配和专项转移支付资金的精准扶持作用。

7.3.2　提高政府服务能力

中国城乡医疗卫生基本公共服务均等化水平仍然较低，区域差异显著，且区域差异存在收敛性特征，我国应不断提高政府服务能力，以满足社会成员，特别是困难群众对医疗卫生基本公共服务享受需求的同时，兼顾城乡医疗卫生基本公共服务均等化在不同地区发展速度的协调[73]。提高政府在医疗卫生基本公共服务领域的服务能力，具体表现为提高社会成员，特别是困难群众享受医疗卫生基本公共服务的能力。现提出以下政策建议。

1. 增加人口密集的偏远地区和农村的医疗卫生基本公共服务投入、提高现有资源的集中程度和利用效率

根据前文研究结论可知，城乡医疗卫生基本公共服务均等化水平依然较低，造成这种局面的原因主要有以下两个方面。一是城市占有更多数量、更高质量的医疗卫生基本公共服务资源，而农村则恰恰相反。二是城市人口密集，对医疗卫生基本公共服务资源的利用效率高；而农村由于经济发展水平相对落后，因此医疗卫生服务机构、医护人员和医疗卫生基础资源匮乏。与此同时，大量人口外流导致了有限的医疗卫生资源得不到充分利用，影响了农村地区医疗卫生基本公共服务水平的提高。因此，应该根据不同地区农村的实际发展情况，制定不同的发展策略，加大对农村的支持力度，对现存医疗卫生基本公共服务机构和医疗卫生服务资源进行改造和升级，提高其利用效率。

首先，针对经济发展水平和医疗卫生基本公共服务水平较低、人口密集的地区和农村，增加医疗卫生基本公共服务投入以促进农村医疗卫生基本公共服务机构建设。第一，完善农村基层医疗卫生机构和乡村医生的补助政策。乡镇卫生院是农村医疗卫生基本公共服务的主要提供机构，乡村医生是公共卫生服务和村卫生室工作的主要承担者，也是医疗卫生基本公共服务的辅助提供者。完善乡镇卫生院和乡村医生的补助政策，能够最大程度提高相关人员工作积极性和工作效率，促进农村医疗卫生基本公共卫生服务的发展。第二，平衡医护人员的数量和质量。（1）建议医疗卫生主管部门制定医护人员均衡配置指导方案，对编制管理、人员流动、诊疗方式等方面进行调整。如引导富

余专业方向的医生去资源短缺的医疗卫生机构发展，以保证医疗卫生
人力资源得到最大化利用。同时，加强编制动态管理，对医生及护理
人员结构性缺编情况做出相应调整，对在编不在岗的医护人员及时清
除，实现医生资源编制的动态流动，进一步优化人力资源发展环境。
（2）加大对薄弱地区医疗卫生机构医护人员的支持力度。按照划片分
区原则，采用先进带后进的方式，建立由医疗卫生服务高水平机构带
动薄弱机构的传帮带机制，在医生资源培训、引进及资源流动方面做
出专业指导。建立返聘退休优秀医生和护理人员到基层，在职优秀医
生轮岗、转岗等相应机制，引导优质医疗卫生资源转向薄弱地区和医
疗卫生机构倾斜。（3）加强对医疗卫生服务水平落后地区医护人员的
引进和培养，鼓励医学专业学生到偏远地区及农村工作。创新招聘方
式，拓宽招聘渠道，在住房、收入、家属安置、职称晋升和技能培训
等方面给予优厚待遇，集中力量引进杂科优秀医护人员，并形成稳定、
长效的招聘机制，确保人才引得进、留得住，不断壮大我国医疗卫生
基本公共服务事业的优秀医护人员队伍。

其次，针对地广人稀的地区和乡镇，整合现有医疗卫生基本公共
服务机构和资源，提高其使用效率[175]。除了依靠政府政策倾斜、加大
资金投入和资源投放，还应该考虑对现有医疗卫生资源进行重新配置
和集中利用。农村地区占全国土地总面积的94%以上，计划生育政策
的实施和大量农民工涌入城市打工使农村地区，尤其是中西部地区的
人口明显减少，呈现出地广人稀的特点。因此，不少农村地区的医疗
卫生基本公共服务资源闲置，表现为农村卫生院就诊率下滑、医护人
员、医疗设备和设施利用率低等。针对这些地区的实际情况，地方政
府应采取针对性的差异化政策。比如，基层政府制定专项政策并成立
专门指导小组对现有医疗卫生基本公共服务机构、设备和设置进行充
分调查，然后重新整合和分配。将利用率较低的农村卫生院进行合并，
对利用率较低的设备资源、人力资源进行分配[176]，安排其投入到人群
相对密集的地区，提高其利用效率，从而最大限度缩小农村和城市之

间以及不同区域之间的医疗卫生基本公共服务水平差距。

2. 医保统筹与多种救助制度相结合，提高人民群众，尤其是困难群众享受医疗卫生基本公共服务的能力

完善医疗保险市场及多种医疗保障救助制度，培育多个医疗保险市场主体，同时增强人民群众享受医疗卫生基本公共服务的意识，能够有效提高人民群众，尤其是困难群众享受医疗卫生基本公共服务的能力。

第一，提高人民群众，尤其是困难群众享受医疗卫生基本公共服务的意识。加大宣传力度，向全体人民群众，尤其是偏远地区、农村居民和困难群体普及医疗卫生基本公共服务专业知识，提高其对医疗卫生基本公共服务的认知度、信任度，从而增强其享受医疗卫生基本公共服务的意识。

第二，加快实现医保统筹，建立全国统一的医疗保障制度。2016年以后，国家对原有城镇居民基本医疗保险和新型农村合作医疗保险两项制度进行整合，建立了统一城乡的居民基本医疗保险制度①。居民基本医疗保险制度的建立明显缩小了城镇居民和农村居民在享受医疗卫生基本公共服务方面的差距，提高了农村地区人民群众，特别是困难群众享受医疗卫生基本公共服务的能力。农村居民看病贵问题得到明显缓解，在减少医疗费用支出的同时，农村居民的生活水平也得以提高。但是，整合后的居民基本医疗保险和职工医疗保险在待遇享受和报销比例上仍存在显著差异。同时，职工医疗保险体系内部，省直医保、市直公务员及参公单位医保和普通市直医保之间有所区分，参保人员在享受诊疗、买药和住院等医疗卫生基本公共服务时存在明显差距。为了进一步促进城乡统筹和区域协调发展，更好维护社会公平正义，应按计划、分批次逐步推进居民基本医疗保险和职工医疗保险统筹，消除城乡、区域和职业差距，建立全国统一的医疗保障制度，

---

① 资料来源：《人民日报》电子版（2017）。

从而促进人口纵向流动、增强社会安全感，稳定人民群众对民生改善预期，拉动消费，为完善国内统一大市场建设奠定制度基础。

　　第三，尽快完善基本医保异地就医结算制度。推进基本医保跨省异地就医和费用直接结算工作，是完善现有职工医疗保险和居民医疗保险制度的重要举措，也是解决人民群众特别关心问题的行动方案。2022 年 7 月，《国家医保局　财政部关于进一步做好基本医疗保险跨省异地就医直接结算工作的通知》① 就异地就医备案不便捷问题，对深化基本医疗保险跨省异地就医和直接结算改革提出了具体要求。按照《基本医疗保险跨省异地就医直接结算经办规程》的相关规定，自2023 年 1 月 1 日起，基本医保参保人员跨省异地就医直接结算需要先通过线上或线下途径备案，备案成功后，可以在备案地已经开通跨省联网定点的医疗机构进行住院费的跨省结算；门诊就医流程不同于住院流程，需要先到参保地了解异地就医规定，按照相关规定执行跨省门诊结算②。现行基本医保异地就医结算流程相比于之前需要本人到现场备案，已经有了明显优化，办理异地结算十分方便，大大提高了医保结算效率。但是，通过规定细节可以看出，完全实现基本医保异地就医结算制度依然存在很大的障碍和壁垒。首先，异地结算仍需网上备案，对于操作不便的老年人和突发紧急情况的病患人群，这个环节有可能延误病患诊疗的最佳时机，且影响医保结算效率。其次，跨省异地就医结算的医疗机构受限。参保人员只能到参与跨省联网定点的医疗机构就诊，很大程度上限制了人们选择医疗卫生机构的权利。最后，异地门诊就医受限于参保地的规定和要求。综上所述，全国范围内基本医保异地就医结算工作依然受到参保地、就医地等各种政策限制，需要国家及相关主管部门进一步破除异地就医结算障碍，在推动基本医保体系全国联网的基础上，进一步简化异地就医流程，实现真

---

① 资料来源：叶龙杰. 跨省异地就医结算将更便捷［N］. 健康报，2022（7）.
② 资料来源：邱玥. 流程更透明，报销更便捷［N］. 光明日报，2022（7）.

正意义上的完全异地和跨区就医结算。

第四，完善多种医疗保障救助制度，降低普通群众应对重大疾病的风险。在完善居民和职工基本医保主体保障功能、切实发挥好基本医保普惠功能的基础上，增强大病保险减负功能。首先，将经济发展水平落后的农村地区人民、特困人员、低保对象和返贫致贫人群纳入大病保险倾斜政策保障范围内[1]，实现倾斜政策保障的群体全覆盖。其次，要充分发挥医疗救助政策的作用。不同地区按照当地实际情况，动态确定医疗救助标准的同时，特别关注因病致贫、因病返贫的经济困难群众和享受低保的群众，对其开通绿色通道，降低或者直接取消医疗救助年度起付线要求。同时，加大该部分人群经基本医保、大病保险报销后，政策范围内个人负担部分的救助比例；提高经基本医保、大病保险、医疗救助三重制度保障后，政策范围内个人负担部分的再救助额度。对于接近享受低保临界点的居民，应加强追踪管理，将其纳入重点监测和帮扶对象数据库，同时提高其基本医保和大病保险报销后的救助比例和救助金额。另外，建立因病致贫患者申请救助机制，增强救助时效性的同时提高救助水平。再次，建立健全防范和化解"因病致贫""因病返贫"的长效机制，以及高额医疗费用支出预警监测机制。通过部门协同、信息共享等机制，动态识别负担高额医疗费用患者，及时、精准地将符合条件的困难群众纳入救助范围，实现从被动等待式救助转为主动发现式救助，确保应助尽助。最后，提高社会力量的综合帮扶作用。鼓励慈善组织、其他社会组织等慈善力量积极参与救助，推进政府救助与慈善救助有效衔接，探索罕见病用药保障机制建立的同时，支持发展医疗互助。同时，推动商业医疗保险发展，支持并引导保险公司创新开发与基本医保制度相衔接的商业医疗保险产品，进一步减轻困难群众就医负担。

---

[1] 资料来源：江西省人民政府办公厅关于健全重特大疾病医疗保险和救助制度的实施意见 [J]. 江西省人民政府公报，2022（10）.

3. 加速建设网上问诊平台，提高医疗卫生基本公共服务资源共享程度

提高医疗卫生基本公共服务资源共享程度能够节约医疗卫生支出，有效提升医疗卫生基本公共服务资源的使用效率。首先，医疗卫生基本公共服务资源共享主要体现为医护人员的资源共享。利用信息技术搭建智能化网上问诊平台，构建线上线下互动诊疗模式，以满足经济落后的偏远地区和农村居民求医问药的需求，从而推动优秀医生资源在全国共享。其次，医疗卫生基本公共服务资源共享，需要政府及主管部门出面牵头，制定相应政策、考核机制以及奖励机制，鼓励优秀医护人员积极参与和配合。同时，医疗卫生机构制定相应规章制度，保证医护人员正常完成线下诊疗，同时兼顾网络问诊，有效解决医疗卫生基本公共服务水平落后地区的人民因路途遥远或其他不便因素导致的看病难问题。

4. 紧盯医疗卫生机构集团化改革，避免加剧医疗卫生基本公共服务领域的马太效应

为了防止医疗卫生机构集团化改革不当导致医疗卫生基本公共服务领域马太效应加剧，必须紧盯医疗卫生机构集团化改革过程中存在的问题，分别给出政策建议。

首先，针对我国医疗卫生机构集团化改革中由于"属地限制""联而不共"等特征导致的牵头医院和基层医疗卫生机构之间的医疗卫生服务水平差距持续扩大的问题，国家、各级政府及主管部门应出台专项政策，对已经进入集团化改革过程和完成集团化改革的医疗卫生机构，进行改革成效的综合评估和认定，邀请专家团队设置考核细节用以考察集团化内容是否存在"属地限制"或者"联而不共"的情况。针对评估存在严重问题及考核结果不合格的医疗卫生机构，要求其限期整改并对存在严重问题的环节、部门和人员在考核、评定、奖励等方面做出相应处罚。

其次，针对医疗卫生机构实行纵向集团化过程中不包含村卫生室的问题，各地政府应根据当地实际情况，联合医疗卫生主管部门制定相应政策、设计相关制度，将村卫生室的发展与乡镇卫生院、市级医疗卫生机构的发展相互挂钩，以先进带动后进，并将村卫生室发展放在基层医疗卫生机构发展的首要位置，从根本上解决农村医疗卫生基本公共服务水平低下的现状。

最后，针对集团化整合后牵头医院一家独大和因利润太低不愿意参与基层救治问题，医疗卫生主管部门应设计专门、专项政策引导牵头医院的医生及护理人员定期下基层锻炼，通过轮岗等形式在集团内部各级、各类医疗卫生机构坐诊或进行临床实践，并将这些经历作为职称晋升和人事考核工作的关键内容；同时，严格限制基层医疗卫生机构向牵头医院和其他医疗卫生机构转诊，牵头医院的医护理人员自愿到基层医疗卫生机构参与救治的，应给予奖金、职称评定、人事提拔或考核优秀等一系列奖励措施。

针对医疗卫生机构集团化改革过程中一系列问题提出的具体政策建议，都是为了将集团化改革的弊端约束在最小范围内，最大化实现集团内部牵头医疗卫生机构对基层医疗卫生机构的帮扶和带动作用，有效改善医疗卫生基本公共服务存在的城乡和区域差异。

5. 改革城乡二元户籍管理制度，淡化区域户籍歧视，进一步推进城乡一体化和区域协调发展

从户籍性质角度，我国户籍制度将居民划分为农业户口和非农业户口两类；从区域角度，则按照公民所拥有的不同区域户籍进行区分。这种延续已久的户籍制度造成人民群众事实上的不平等，在一定程度上限制了人口自由流动，差别化的政策使得城乡和区域发展呈现明显差距。聚焦于医疗卫生基本公共服务领域，由于城乡和区域户籍管理制度以及附加权益的影响，医疗卫生基本公共服务水平在城乡和区域之间的差距加大。想要缩小城乡医疗卫生基本公共服务水平的区域差距，必须从源头入手，改变城乡二元和区域户籍管理制度。相关政策建议如下：

第一，改革现有户籍制度，逐步建立全国统一的户口登记制度。现有户籍制度将人民群众区分为城乡居民、区域居民，造成了明显不平等状态，附加在城乡居民、区域居民身上的差异化政策严重影响了社会的公平和公正。因此，户籍制度改革可消除城乡居民、区域居民的身份差别，让所有社会成员不分户口性质、户口所属区域平等享受社会发展成果，这是实现城乡一体化和区域协调发展的关键。

第二，取消附加在户籍制度上的政策设计和制度安排，推动城乡统筹和区域协调发展。按照新制度经济学的核心思想，制度是内生且稳定的，稳定的经济制度是提高经济绩效的有力保障。如今，我国的政治、经济和社会环境发生巨大变化，社会的主要矛盾也已发生改变，消除城乡二元体制、促进区域协调发展已经成为必然选择。因此，为了适应新的发展环境、实现共同富裕的目标，国家应逐渐将附加在户籍制度上的差异化政策进行剥离并重设，改变非农业人口与农业人口、经济发达的沿海城市人口与其他地区人口权利不平等的局面，撤销对农业人口和经济发展水平相对落后地区人口不利的条款及规定，为城乡平等和区域协调发展创造条件。

第三，改革户籍制度对人口流动的限制作用，加快人口管理信息化改革。中华人民共和国成立初期，户籍制度限制人口流动，原因是在粮食短缺的情况下保障工业优先发展。如今，社会发展阶段和经济发展环境已完全不同。改革开放以来，人口大规模流动已成为事实，人们对自由迁徙有了更加强烈的愿望。如果继续限制人口迁移和流动，则不利于人力资源结构调整和经济结构转变。所以，应结合我国城乡发展和区域发展不平衡的实际情况，按计划改革户籍制度，逐步放开对人口迁移和流动的限制，如采用备案式而非审批式户口迁移办法。与此同时，将户籍制度转变为人口信息管理和服务的工具，尝试建设全国统一的人口信息管理平台，集电子身份证、社会保障信息、信用信息于一体的信息共享系统。户籍制度也将从传统的管理手段转变为体现政府公共服务能力的服务手段。

7.3.3 提高政府服务质量

政府提供医疗卫生基本公共服务的质量，主要通过对现有医疗卫生基本公共服务资源进行整合的能力来体现。所以，针对提高政府服务质量的政策建议主要有以下两方面。

1. 根据涓滴效应和点轴理论，积极推动优势地区带动弱势地区发展

目前，中国医疗卫生基本公共服务资源城乡配置失衡严重，东、中、西部地区之间的医疗卫生基本公共服务资源配置和服务水平呈现明显差异。所以，逐步提高城乡医疗卫生基本公共服务均等化水平、缩小区域差异，是促进城乡医疗卫生基本公共服务均等化区域间协调发展至关重要的环节。

对于医疗卫生基本公共服务事业发展过程中产生的不均衡问题，政府及医疗卫生主管部门可以借助涓滴效应，通过专项政策制定，将医疗卫生基本公共服务水平先进地区的健康理念、医疗手段、人力资源等向相对落后地区输送，以优势地区带动弱势地区，不断缩小区域之间的发展差距，实现医疗卫生资源配置的相对均衡。同时，可借鉴点轴理论，将优秀的医资力量、丰富的医疗经验通过连帮带等形式把规模不同的医疗卫生机构联系起来，以点带面，充分发挥中心医疗卫生机构的辐射带动作用，通过适度集团化办医院，不断优化医疗卫生资源综合配置，逐步实现高质量发展和区域均衡发展。以此解决偏远地区和农村人民群众看病难、看病贵的问题，改变困难地区、困难人群因病返贫的局面，维护和促进医疗卫生基本公共服务事业的公平正义，着力促进全体人民实现共同富裕。

2. 整合现有医疗卫生基本公共服务资源，提高资源利用效率

《国家基本公共服务标准（2021 年版）》颁布后，我国医疗卫生基本公共服务体系建设有了兜底标准。但是，各地经济发展水平参差不齐，以及各地政府选择偏好不同，导致不同地区在医疗卫生基本公共服务资源配置程度方面存在显著差距，因此，严重影响了医疗卫生基本公共服务均等化的推进进程。具体表现在以下方面：首先，医护人员和资金投入主要流向医院而忽视初级保健。其次，社区医院的服务人口约占总数的90%，但是政府对社区医院等基层医疗卫生机构的投资极度不足，基层医疗卫生机构设备陈旧、医护等人力资源质量较差，诊疗水平无法与医院相比。再次，在高新技术设备上的资金投入过多，但是忽视了适宜技术的普及和初级保健的相关投入。最后，东部地区外来人口流入明显，使得医疗卫生基本公共服务的实现难度倍增，与此同时，西部欠发达地区，特别是边远农村地区则面临严重的"空心化"问题，人口大量外流导致医疗卫生基本公共服务基础设施等资源大量闲置，产生了严重的资源浪费。

总之，医疗卫生基本公共服务市场存在明显的"失灵"现象。医疗卫生基本公共服务资源难以实现与医疗卫生需求保持均衡的优化配置，医疗卫生服务领域出现了明显的横向不公和纵向不公[①]。由于医疗卫生基本公共服务产品具有明显的外部性和公益性特征，因此，在医疗卫生基本公共服务资源配置及医疗卫生基本公共服务供给过程中，公平、公正原则尤为重要。政府及医疗卫生相关主管部门需要运用政策手段对医疗卫生基本公共服务市场进行有效干预。首先，通过制定专项政策或制度，建立专门工作组，对现有医疗卫生基本公共服务资源进行普查统计、重新评估和整合，将整合后的医疗卫生基本公共服务资源向初级保健、基层医疗卫生机构倾斜，实现资源配置的纵向相对均衡。其次，合理安排医疗卫生机构等资源的增、撤、并。通过区域之间、区域内部及省域规划重新设计医疗卫生基本公共服务资源的配置格局，将资源配置数量超过实际需要的地区和"空心化"地区的

---

① "卫生资源公平性"可以分为横向公平和纵向公平两个方面。横向公平是指所有具有同样医疗卫生服务需要的人可以获得完全相同的卫生资源的服务，即相同的需要，有相同的卫生资源可供利用，所有的社会成员所接受的医疗卫生服务质量应该相同。纵向公平则是医疗卫生服务需求较大的人群应比那些需求较小的人群更多地获得所需的医疗卫生服务，即不同的需要，有不同的卫生资源可供利用。

冗余资源进行区域内和跨区域派遣及转移，使资源向医疗卫生基本公共服务水平较低的人口密集地区及农村倾斜，注重针对经济发展水平落后地区及农村医疗卫生机构的环境改造，增加其医疗诊断设备、床位等基础设施，改善其医疗卫生基本公共服务水平，实现资源配置的横向相对均衡。

7.3.4　提高群众满意度

人民群众对医疗卫生基本公共服务的满意度能够真实反映国家提供医疗卫生基本公共服务的质量，因此，建立医疗卫生基本公共服务专项监督评价体系[177]，真实反映群众满意度，是落实医疗卫生基本公共服务政策的有力手段，也是促进医疗卫生基本公共服务均等化的必要设计，这是提高群众满意度的具体措施。

首先，针对目前缺乏公众公共服务评价方法、公众公共服务评价能力差等问题，各级政府应积极探索建立符合当地实际情况的医疗卫生基本公共服务专项监督评价体系。同时，通过新闻媒体等方式多渠道宣传公众在行使公共服务评价方面的权利，提高公众的服务评价能力，使他们能够更加准确地表达对医疗卫生基本公共服务的满意程度。这对进一步缩小城乡医疗卫生基本公共服务的区域差距，尽快更好地实现医疗卫生基本公共服务均等化具有重要的现实意义。如果公众通过医疗卫生基本公共服务专项监督评价体系表达了不满或者提出了建议[178]，说明政府应及时调整医疗卫生基本公共服务供给和服务方式，提高服务质量，从而不断提高公众满意度。

其次，针对地方政府内部各部门之间出现的相互推诿、挪用专项资金等不良现象，国家应出台统一的医疗卫生基本公共服务效果反馈体系，对地方政府内部出现的各项违规操作严格问责，同时畅通民意反馈体系、扩大民意沟通渠道，提高人民群众对政府提供公共服务职能的关注度和监督权，以此提高群众满意度，实现医疗卫生基本公共服务均等化工作的稳步推进。

7.4　本章小结

　　本章首先对城乡医疗卫生基本公共服务均等化差异的研究结论进行梳理总结，在此基础上，借鉴相关理论的核心思想提出进一步缩小中国城乡医疗卫生基本公共服务均等化差异的思路及政策建议，以促进中国城乡医疗卫生基本公共服务均等化的区域协调发展。其中，理论借鉴部分主要从福利经济学中国民收入均等及帕累托最优理论，分配正义与补偿公平理论，公共治理理论下的政府、市场与社会三边互动混合配制模式和马克思公平分配思想四个方面进行梳理与总结；进一步缩小中国城乡医疗卫生基本公共服务均等化差异的思路则分别从优化医疗卫生基本公共服务存量资源配置的均衡性、加大医疗卫生基本公共服务增量资源分配的倾向性、兼顾医疗卫生基本公共服务资源配置中的公平与效率和坚持发展生产力、促进社会财富不断增长四个方面进行了详细分析；具体政策建议则从提高政府供给能力、提高政府服务能力、提高政府服务质量和提高群众满意度四个维度进行了具体阐述。

第8章　全书总结与研究展望

本章先对前面的理论和实证研究结论进行梳理和总结，然后针对本书的研究不足进行详细阐述。在此基础上，从研究方法、研究思路、研究视角、研究对象和研究内容五个方面提出具体的研究展望。

8.1　全书总结

本书研究目的是在对中国城乡医疗卫生基本公共服务均等化的区域差异进行经济学分析的基础上，预测区域差异的发展趋势，剖析区域差异存在的原因，并在此基础上，提出进一步缩小中国城乡医疗卫生基本公共服务均等化差异的思路和具体措施。通过研究分析，本书主要得出以下结论：

第一，中国城乡医疗卫生基本公共服务均等化水平依然较低，东、中、西部三大地区的城乡医疗卫生基本公共服务均等化水平差异明显。分析 2012～2020 年的数据研究，笔者发现，中国城乡医疗卫生基本公共服务均等化水平一直在稳步提升，全国及东、中、西部三大区域的城乡医疗卫生基本公共服务均等化水平分别增加了 18.85%、18.30%、17.75% 和 20.93%。但是，由于全国及东、中、西部三大区域的城乡医疗卫生基本公共服务均等化水平均在 0.1 以下，表明目前城市与农村之间的医疗卫生基本公共服务供给水平依然存在显著差距。从区域角度看，东部地区和中部地区的城乡医疗卫生基本公共服务均等化水平始终高于全国平均水平，而西部地区的城乡医疗卫生基本公共服务均等化水平最低，始终低于全国平均水平，区域差异明显。

第二，中国城乡医疗卫生基本公共服务均等化水平时空分布特征在不同区域呈现出不同特点。虽然 2012～2020 年中国城乡医疗卫生基本公共服务均等化水平全部呈现持续向好的态势，但是，东部地区和西部地区的城乡医疗卫生基本公共服务均等化水平改善最为明显。同时，Kernel 密度估计图结果显示在 2012～2016 年，全国、东部地区和西部地区城乡医疗卫生基本公共服务均等化水平的绝对差异呈现持续扩大趋势，仅中部地区城乡医疗卫生基本公共服务均等化水平的绝对差异在此时间段内持续缩小，此后便趋于稳定。另外，Kernel 密度估计图存在明显的右拖尾现象，说明中国部分城市的城乡医疗卫生基本公共服务均等化水平显著高于全国平均水平。同时，极化程度分析结果显示中国城乡医疗卫生基本公共服务均等化水平不存在两极或多极分化的趋势，其中全国、东部地区和西部地区的城乡医疗卫生基本公共服务均等化水平呈现分散化集聚特征，而中部地区的城乡医疗卫生基本公共服务均等化水平则主要表现为聚合性区域集聚特征。

第三，中国城乡医疗卫生基本公共服务均等化水平省际演化趋势差异显著。虽然总体呈现波动上升的趋势，但是实证分析结果显示，在 2012～2020 年，中国不同省份城乡医疗卫生基本公共服务均等化水平的平均值为 0.095，均值高于整体水平的省份有 12 个，其中湖南、浙江、山西、辽宁和河北排在前五位；均值低于整体水平的省份有 11 个，其中广西、江西、湖北、宁夏和甘肃排名靠后。值得注意的是，广东省的经济发展水平较高，而城乡医疗卫生基本公共服务均等化水平排名相对靠后，这主要是由于广东省的城市医疗卫生基本公共服务明显优于其他省份，而农村医疗卫生基本公共服务却并未表现出类似的领先优势，导致其城乡医疗卫生基本公共服务均等化水平相对较低。

第四，中国城乡医疗卫生基本公共服务均等化的总体差异、区域内差异和区域间差异呈现不同的特点。首先，总体差异呈现从小幅递减到水平波动两个阶段的变化趋势，基尼系数降幅为 5.03%，显示中国城乡医疗卫生基本公共服务均等化的空间差异下降幅度较小。其次，区域内差异分析显示，西部地区城乡医疗卫生基本公共服务均等化的区域内差异问题尤为突出，基尼系数均值为 0.1121；中部地区次之，基尼系数的均值为 0.1026；东部地区区域内差异最小，基尼系数的均值为 0.0950，在样本期内均低于全国总体水平。从演变趋势来看，中部地区和西部地区的城乡医疗卫生基本公共服务均等化空间非均衡问题得到部分改善，特别是中部地区尤为明显，而东部地区的城乡医疗卫生基本公共服务均等化空间非均衡程度出现了增强的现象。最后，区域间差异分析显示，中部地区与西部地区间的差异最大，东部地区与西部地区间的差异次之，东部地区与中部地区间的差异最小。

第五，超变密度是中国城乡医疗卫生基本公共服务均等化差异的主要来源。对超变密度、区域内差异和区域间差异的贡献程度的分析结果显示，超变密度贡献最大，其贡献率均值高达 61.18%，说明超变密度是中国城乡医疗卫生基本公共服务均等化差异的主要来源；区域内差异次之，其贡献率均值为 33.24%；区域间差异的贡献最低，贡献率均值仅为 5.58%。因此，缓解中国城乡医疗卫生基本公共服务均等化的总体差异问题，需要从超变密度出发，着重解决均等化水平较低地区中的均等化水平较高城市与均等化水平较高地区中的均等化水平较低城市共同存在的问题。

第六，造成中国城乡医疗卫生基本公共服务均等化差异的历史和现实原因主要包括国家相关政策变化与调整、基础性条件差异、医疗保障体系建设与发展和公共财政体制演进及改革。其中，国家相关政策变化与调整的影响主要体现在从集中力量发展城市、集中力量发展东部沿海地区，到医疗卫生服务公益性回归，再到以人民为中心的政策变化带来的不同影响；基础性条件差异的影响则主要表现为区位条件、经济发展水平和地方政府决策三个方面；医疗保障体系从初步建立到不断完善的过程也对中国城乡医疗卫生基本公共服务均等化差异造成了影响；公共财政体制演进及改革的影响则主要包括公共财政体制演进、分税制改革、"营改增"等一系列改革措施以及基本医疗卫生转移支付制度四个方面。

第七，中国城乡医疗卫生基本公共服务均等化水平较低的地区确实存在较高的均等化发展速度，能够加速赶上城乡医疗卫生基本公共服务均等化水平较高的地区。笔者通过 σ 收敛、绝对 β 收敛和条件 β 收敛的收敛性分析发现，中国城乡医疗卫生基本公共服务均等化水平的地区差距随时间推移不断缩小，不管是否控制财政自主权、政府干预程度、经济发展水平和城镇化水平这些影响因素，不同区域城乡医疗卫生基本公共服务均等化水平都存在收敛于各自稳态的趋势，收敛趋势真实存在。

第八，进一步缩小中国城乡医疗卫生基本公共服务均等化差异的思路和具体措施如下：首先，改善思路方面，应从四个方面努力：优化医疗卫生基本公共服务存量资源配置的均衡性，加大医疗卫生基本公共服务增量资源分配的倾向性，兼顾医疗卫生基本公共服务资源配置中的公平与效率和坚持发展生产力、促进社会财富不断增长。其次，具体措施应从提高政府供给能力、政府服务能力、政府服务质量和群众满意度四方面做出努力。

8.2　研究不足与研究展望

8.2.1　研究不足

解决中国城乡医疗卫生基本公共服务均等化水平低和城乡医疗卫生基本公共服务均等化差异问题是一项长期而艰巨的任务，所以相关研究也是一项长期课题。本书想要尝试针对县及以下数据建立更为全面、复杂的指标体系，更具体细致地分析空间集聚与空间溢出性对于邻近区域均等化水平的作用方向及影响程度，但是受个人能力和医疗卫生领域数据缺失等因素限制，本次研究仅设计涉及三个指标的指标体系并针对市级数据展开相关研究。具体到市级层面的研究结果虽然整体上验证了本书结论，但如果将研究对象细化至县或者村等基层数据，城乡的划分应该更加符合我国实际，分析结果应该更具有客观说服力。同时，医疗卫生基本公共服务体系包含的具体项目众多，受限于其他项目的数据可得性和研究方法的差异性，本书无法综合衡量医疗卫生基本公共服务所有项目的整体发展情况和其他子项目的具体发展情况，研究结论的科学性和代表性还有很大的提升空间。所以，随着我国医疗卫生数据库的建立、完善与公开发布，后续的相关研究会更加全面、更有说服力，这也是本书后续研究需要进一步补充和完善的方面。

8.2.2 研究展望

本书对中国城乡医疗卫生基本公共服务均等化差异展开研究，从研究视角来看，文章仅仅选择从横向均等角度，即东、中、西部三大区域，对中国城乡医疗卫生基本公共服务均等化水平、区域间均等化水平的时空分布、省际均等化水平的演化以及均等化的区域差异和收敛性进行研究，没有涉及纵向均等。从研究对象来看，本书对医疗卫生基本公共服务的研究仅限于基本医疗卫生保险以外的项目。同时，医疗卫生基本公共服务只是基本公共服务体系中的一个模块，除此之外，还包括教育、就业、创业和养老等多项内容。从研究思路来看，本书仅从公平角度入手分析城乡医疗卫生基本公共服务均等化差异及差异的收敛趋势，没有涉及效率分析，所以本书的研究结果仅是阶段性的成果。由于医疗卫生基本公共服务本身及基本公共服务体系的内容丰富，采用更广泛的研究视角和多维分析思路能够得出更客观性的结论，因此，未来还有很大深入、细化研究的空间。

　　本书在回顾已有文献、总结本书研究内容及思路的基础上，从研究方法、研究思路、研究视角、研究对象和研究内容五个方面提出以下后续研究展望。第一，设计更加复杂、更加全面的指标体系对城乡医疗卫生基本公共服务均等化水平进行测量。具体来说，将医护人员的学历、职称、进修年限等细化的人力资源因素加入综合指标体系，衡量数量均衡的同时，能够兼顾质量的均衡。第二，开展专门针对医疗卫生基本公共服务资源配置公平性和效率的研究。具体来说，便是在分析医疗卫生基本公共服务资源配置公平程度的基础上，分析医疗卫生基本公共服务资源配置的效率以及公平与效率的关系。第三，展开纵向均等的研究，弥补城乡医疗卫生基本公共服务纵向均等研究的不足。城乡医疗卫生基本公共服务均等化的实现应该是横向均等与纵向均等同时实现。已有相关文献和本书的研究仅仅是均等化实现的一部分，所以未来研究应更加关注纵向均等，即医疗卫生基本公共服务在省、市和基层医疗卫生机构的均等。第四，继续细化医疗卫生基本公共服务的研究对象，将其下沉到社区、县和村等基层，使研究结果更有针对性且更具有实际指导意义。第五，针对医疗卫生基本公共服务中的基本医疗保障以及基本公共服务体系的其他模块如教育、就业创业、养老、公共文化等展开均等化研究，以期为实现基本公共服务均等化提供参考。

参 考 文 献

［1］WINSLOW C E A. Man and epidemics ［M］. New Jersey：Princeton University Press，1952：115 - 119.

［2］OLIVER A，MOSSIALOS E. Equity of access to health care：outlining the foundations for action ［J］. Journal of epidemiology & community health，2004，58（8）：655 - 658.

［3］ACHESON D. Independent inquiry into inequalities in health report ［M］. London：the Stationery Office Ltd，1998.

［4］BALARAJAN Y，SELVARAJ S，SUBRAMANIAN S V. Health care and equity in India ［J］. The lancet，2011，377（9764）：505 - 515.

［5］刘琼莲. 论基本公共卫生服务均等化及其判断标准 ［J］. 学习论坛，2009，25（9）：54 - 57.

［6］汪志强. 论我国基本医疗卫生服务中存在的问题与对策 ［J］. 中南民族大学学报（社会科学版），2010，30（4）：101 - 104.

［7］常修泽. 中国现阶段基本公共服务均等化研究 ［J］. 中共天津市委党校学报，2007（2）：66 - 71.

［8］罗鸣令，储德银. 基本公共医疗卫生服务均等化的约束条件与公共财政支出 ［J］. 当代经济管理，2009，31（8）：44 - 48.

［9］梁万年. 卫生事业管理学 ［M］. 北京：人民卫生出版社，2003.

［10］于风华，孙经杰，刘瑾. 公共财政框架下基本公共卫生服务

均等化探讨 [J]. 中国卫生资源, 2009 (3): 101 – 102.

[11] 冯显威. 促进基本公共卫生服务逐步均等化政策分析 [J]. 医学与社会, 2009, 22 (7): 9 – 11.

[12] 李林贵, 张俊华. 对宁夏开展人人享有基本医疗卫生服务的探索和思考 [J]. 中国初级卫生保健, 2010, 24 (1): 5 – 6.

[13] 符壮才. 推进基本医疗服务均等化的思考 [J]. 卫生经济研究, 2009 (2): 22 – 24.

[14] MUSGROVE P. Measurement of equity in health [J]. World health statistics quarterly, 1986, 39 (4): 325 – 335.

[15] SHERMAN H D. Hospital efficiency measurement and evaluation empirical test of a new technique [J]. Medical care, 1984, 22 (10): 922 – 935.

[16] WAGSTAFF A, DOORS LAER E V. Horizontal equity and reranking in health care finance: a decomposition analysis for the Nertherlands [J]. Journal of health economics, 1997 (16): 499 – 516.

[17] LAIRSON D R, HINDSON P, HAUQUITZ A. Equity of health care in Australia [J]. Social science & medicine, 1995, 41 (4): 475 – 482.

[18] 辛冲冲, 李健, 杨春飞. 中国医疗卫生服务供给水平的地区差异及空间收敛性研究 [J]. 中国人口科学, 2020 (1): 65 – 77 + 127.

[19] 冯海波, 陈旭佳. 公共医疗卫生支出财政均等化水平的实证考察——以广东省为样本的双变量泰尔指数分析 [J]. 财贸经济, 2009 (11): 49 – 53.

[20] 王晓洁. 京津冀医疗卫生服务均等化量化研究: 基于 AHP 方法的分析 [J]. 中国卫生经济, 2015 (10): 48 – 50.

[21] 陆远权, 马垒信. 城乡基本公共服务均等化评价体系的构建和实证分析——以重庆市为例 [J]. 安徽农业科学, 2010 (8): 13026 –

13028 + 13033.

［22］陈志勇，韩韵格. 基本医疗卫生服务供给的动态演进及空间差异［J］. 中南财经政法大学学报，2021（2）：53 - 64.

［23］颜建军，徐雷，谭伊舒. 我国公共卫生支出水平的空间格局及动态演变［J］. 经济地理，2017（10）：82 - 91.

［24］WANG Z. The convergence of health care expenditure in the US states［J］. Health economics, 2009, 18（1）: 55 - 70.

［25］BEHERA D K, MOHANTY R K, DASH U. Cyclicality of public health expenditure in India: role of fiscal transfer and domestic revenue mobilization［J］. International review of economics, 2020, 67（1）: 87 - 110.

［26］刘一欧. 浅析城乡基本医疗卫生服务均等化过程中的政府责任［J］. 新西部（理论版），2015（12）：18.

［27］KWESIGA B, ATAGUBA J E, ABEWE C, etc. Who pays for and who benefits from health care services in Uganda［J］. BMC health services research, 2015, 15（1）: 1 - 9.

［28］AJI B, MOHAMMED S, HAQUE M A, etc. The dynamics of catastrophic and impoverishing health spending in Indonesia: how well does the Indonesian health care financing system perform?［J］. Asia pacific journal of public health, 2017, 29（6）: 506 - 515.

［29］罗鸣令，储德银. 基本公共医疗卫生服务均等化的约束条件与公共财政支出［J］. 当代经济管理，2009（9）：44 - 48.

［30］冯占春，侯泽荣，郑舒文，等. 我国城乡卫生投入公平性的影响因素及其对策［J］. 中华医院管理杂志，2012（10）：657 - 660.

［31］张怀雷，张群丽. 统筹我国城乡医疗卫生发展的几点思考［J］. 当代经济管理，2010（9）：61 - 65.

［32］孙开，崔晓冬. 基本医疗卫生服务均等化与财政投入研究［J］. 地方财政研究，2011（5）：4 - 8.

［33］辛冲冲．纵向财政失衡、FDI 竞争与医疗卫生服务供给水平——兼论标尺竞争机制下地区间的策略性行为［J］．财贸经济，2022，43（1）：59－75.

［34］杨宜勇，刘永涛．我国省际公共卫生和基本医疗服务均等化问题研究［J］．经济与管理研究，2008（5）：11－17.

［35］李丽清，钟蔓菁，易飞，等．我国卫生筹资水平的公平性分析［J］．中国卫生经济，2018，37（1）：57－61.

［36］费舒，秦江梅，刘涵，等．我国西部典型地区卫生筹资公平性实证分析［J］．中国卫生经济，2017，36（12）：67－69.

［37］李蕾，饶佳艺，何乐平，等．城乡医疗卫生资源配置公平与效率研究［J］．科技促进发展，2017，13（7）：531－539.

［38］罗志红，朱青．公平正义视阈下城乡公共卫生资源配置研究：基于江西省的实证分析［J］．中国卫生事业管理，2015，32（3）：201－203.

［39］张歆，刘忠卫，刘国祥，等．基层医疗机构政府补助受益公平性分析［J］．中国初级卫生保健，2018，32（8）：9－10＋13.

［40］李继霞，刘涛，霍静娟．中国农村公共服务供给质量时空格局及影响因素［J］．经济地理，2022，42（6）：132－143.

［41］崔惠玲，郭华平，李彦敏．我国卫生费用投入及分配的公平性分析［J］．上海经济研究，2003（3）：18－27.

［42］韦潇，代涛，朱晓丽，等．推进医改五项重点工作中的难点问题——部分地市卫生主管领导调查［J］．中国卫生政策研究，2010（3）：30－35.

［43］ANAND S，FAN V Y，ZHANG J，etc. China's human resources for health：quantity，quality，and distribution［J］. The lancet，2008，372（9651）：1774－1781.

［44］魏众，B. 古斯塔夫森．中国居民医疗支出不公平性分析［J］．经济研究，2005（12）：26－34.

［45］HU R, DONG S, ZHAO Y, etc. Assessing potential spatial accessibility of health services in rural China: a case study of Donghai County ［J］. International journal for equity in health, 2013, 12 (1): 1 –11.

［46］JIN C, CHENG J, LU Y, etc. Spatial inequity in access to healthcare facilities at a county level in a developing country: a case study of Deqing County, Zhejiang, China ［J］. International journal for equity in health, 2015, 14 (1): 1 –21.

［47］胡琳琳, 胡鞍钢. 从不公平到更加公平的卫生发展: 中国城乡疾病模式差距分析与建议 ［J］. 管理世界, 2003 (1): 78 –87.

［48］顾海, 马超, 吉黎. 医疗领域的城乡差距与城乡不公正——以门诊患者为例 ［J］. 南京农业大学学报 (社会科学版), 2015, 15 (4): 53 –61 +133.

［49］鄢洪涛. 城乡基本医疗卫生服务差距测度与均等化发展对策研究 ［J］. 湘潭大学学报 (哲学社会科学版), 2011, 35 (5): 16 – 21.

［50］和立道. 医疗卫生基本公共服务的城乡差距及均等化路径 ［J］. 财经科学, 2011 (12): 114 –120.

［51］卢盛峰, 杨光照, 马静, 等. 面向乡村振兴的公共服务均等化研究: 以医疗和教育为例 ［J］. 财政研究, 2022 (6): 50 –63.

［52］黄云鹏. "十二五" 促进城乡基本公共服务均等化的对策建议 ［J］. 宏观经济研究, 2010 (7): 9 –13 +41.

［53］甘行琼, 赵继莹, 甘娜. 我国城乡基本医疗卫生服务均等化的实证研究——以东中西三省区为例 ［J］. 财政监督, 2014 (1): 64 –69.

［54］马超, 顾海, 宋泽. 补偿原则下的城乡医疗服务利用机会不平等 ［J］. 经济学 (季刊), 2017 (16): 1261 –1288.

［55］缪小林, 张静. 地形起伏度、转移支付与城乡医疗卫生服务差距 ［J］. 云南财经大学学报, 2022 (8): 1 –18.

［56］LING R E，LIU F，LU X Q，etc. Emerging issues in public health：a perspective on China's healthcare system ［J］. Public health，2011，125（1）：9 – 14.

［57］CHEN L，ZHANG Z X，LAN X T. Impact of China's referral reform on the equity and spatial accessibility of healthcare resources：A case study of beijing ［J］. Social science & medicine，2019（235）：1 – 9.

［58］杨林，李思赟. 城乡医疗资源非均衡配置的影响因素与改进 ［J］. 经济学动态，2016（9）：57 – 58.

［59］刘钟明，徐盛鑫，徐芸，等. 浙江省基本公共卫生服务均等化财政保障体制机制研究 ［J］. 卫生经济研究，2009（4）：5 – 9.

［60］李蔚. 新型城镇化视域下城乡卫生资源均衡配置探析 ［J］. 河北学刊，2014（5）：110 – 113.

［61］ARROW K J. Uncertainty and the welfare economics of medical care ［J］. American economic review，1963，53（5）：941 – 973.

［62］安体富，任强. 中国公共服务均等化水平指标体系的构建——基于地区差别视角的量化分析 ［J］. 财贸经济，2008（6）：79 – 82.

［63］任强. 中国省际公共服务水平差异的变化：运用基尼系数的测度方法 ［J］. 中央财经大学学报，2009（11）：5 – 9.

［64］唐天伟，孙丽华，张剑娜. 我国省级政府基本公共服务均等化测度分析：2003—2012 ［J］. 经济管理，2013（11）：170 – 177.

［65］武力超，林子辰，关悦. 我国地区公共服务均等化的测度及影响因素研究 ［J］. 数量经济技术经济研究，2014（8）：72 – 86.

［66］魏福成，胡洪曙. 我国基本公共服务均等化：评价指标与实证研究 ［J］. 中南财经政法大学学报，2015（5）：20 – 36.

［67］辛冲冲，陈志勇. 中国基本公共服务供给水平分布动态、地区差异及收敛性 ［J］. 数量经济技术经济研究，2019（8）：52 – 71.

［68］冯骁，牛叔文，李景满. 我国市域基本公共服务均等化的空间演变与影响因素 ［J］. 兰州大学学报（社会科学版），2014（2）：86 – 93.

［69］BIAN Y. Work and inequality in urban China ［M］. New York：Suny Press，1994.

［70］GUSTAFSSON B A，LI S，SICULAR T. Inequality and public policy in China ［M］. Cambridge：Cambridge University Press，2008.

［71］韩增林，李彬，张坤领. 中国城乡基本公共服务均等化及其空间格局分析 ［J］. 地理研究，2015（11）：2035－2048.

［72］范逢春，谭淋丹. 城乡基本公共服务均等化制度绩效测量：基于分省面板数据的实证分析 ［J］. 上海行政学院学报，2018（1）：53－64.

［73］杨晓军，陈浩. 中国城乡基本公共服务均等化的区域差异及收敛性 ［J］. 数量经济技术经济研究，2020（12）：127－145.

［74］王青，朱延飞，姚隽. 精准化城乡划分及人口统计方法探索——基于"社区网格单元"和"开发边界"的视角 ［J］. 城市问题，2021（1）：45－51＋72.

［75］王丽莉，乔雪. 我国人口迁移成本、城市规模与生产率 ［J］. 经济学（季刊），2020（1）：165－188.

［76］黄华. 马克思主义公平理论视域下京津冀基本公共服务均等化研究 ［D］. 石家庄：河北师范大学，2020.

［77］束磊. 转移支付对地区间基本公共服务均等化的影响研究 ［D］. 上海：上海财经大学，2021.

［78］邬志辉，杨清溪. 新发展阶段需要什么样的基本公共教育服务体系 ［J］. 中国教育学刊，2022（7）：26－35.

［79］张晓杰，王桂新. 基本公共服务供给的有限性与有效性研究 ［J］. 上海行政学院学报，2014，15（1）：96－103.

［80］卢海燕. 论政府绩效管理转型 ［J］. 中国行政管理，2014（12）：25－29.

［81］黄向阳. "基层法律服务"纳入"政府基本公共服务体系"的政策措施研究 ［J］. 厦门特区党校学报，2014（4）：33－36.

[82] 周幼曼. 一些发达国家推进基本公共服务均等化的经验与启示 [J]. 理论建设, 2013 (4): 8-13.

[83] 张晓杰, 王桂新. 基本公共服务供给的有限性与有效性研究 [J]. 上海行政学院学报, 2014, 15 (1): 96-103.

[84] 周结友. 论基本公共体育服务均等化的财政学基础 [J]. 河北体育学院学报, 2014, 28 (1): 1-4.

[85] 吴理财. 个体化趋势带来多重挑战 乡村熟人社会的重构与整合——湖北秭归"幸福村落"社区治理建设模式调研 [J]. 国家治理, 2015 (11): 33-48.

[86] 李海平. 区域协调发展的国家保障义务 [J]. 中国社会科学, 2022 (4): 44-63+205.

[87] 刘相瑜, 于贞杰, 李向云, 等. 卫生服务公平性研究进展综述 [J]. 中国卫生事业管理, 2011, 28 (5): 323-326.

[88] 杨善发. 科学发展观视野下的医药卫生体制改革 [J]. 中国医院管理, 2009, 29 (6): 1-3.

[89] 张瑶. 阿玛蒂亚·森能力正义观评析 [D]. 厦门: 厦门大学, 2018.

[90] 巫志南. 构建现代公共文化服务体系的政策走向分析 [J]. 上海文化, 2013 (12): 12-16.

[91] 荆丽梅, 徐海霞, 刘宝, 等. 国内公共卫生服务均等化的理论探讨及研究现状 [J]. 中国卫生政策研究, 2009, 2 (6): 8-12.

[92] 罗伯特·B. 登哈特. 新公共服务: 服务, 而不是掌舵 [M]. 北京: 中国人民大学出版社, 2010.

[93] 乔俊峰. 公共卫生服务均等化与政府责任: 基于我国分权化改革的思考 [J]. 中国卫生经济, 2009, 28 (7): 5-7.

[94] 王文娟, 曹向阳. 增加医疗资源供给能否解决"看病贵"问题？——基于中国省际面板数据的分析 [J]. 管理世界, 2016 (6): 98-106.

[95] 高志刚. 区域经济发展理论的演变及研究前沿 [J]. 新疆教育学院学报, 2002 (1): 9-11.

[96] 董恩宏, 李国红, 蔡雨阳, 等. 医疗卫生资源配置区域差异化研究综述 [J]. 中国卫生资源, 2016, 19 (5): 390-393.

[97] 沈嘉. 中国对外开放空间布局演变规律及区域经济发展研究 [D]. 北京: 中国社会科学院研究生院, 2020.

[98] 刘小勇, 李齐云. 省及省以下财政分权与区域公共卫生服务供给——基于面板分位数回归的实证研究 [J]. 财经论丛, 2015 (4): 19-27.

[99] 邓祥征, 梁立, 吴锋, 等. 发展地理学视角下中国区域均衡发展 [J]. 地理学报, 2021, 76 (2): 261-276.

[100] 高新才. 与时俱进: 中国区域发展战略的嬗变 [J]. 兰州大学学报 (社会科学版), 2008 (3): 2-16.

[101] 何雄浪. 区域经济差异理论的发展及其启示 [J]. 北京科技大学学报 (社会科学版), 2004 (2): 23-28.

[102] 杜爱文. 现代化农业服务跨区合作理论研究 [J]. 北方经济, 2010 (13): 68-71.

[103] 潘瑶. 广西北部湾经济区城际政府间协调合作机制研究 [D]. 桂林: 广西师范大学, 2010.

[104] 朱润苗, 陈松林. 福建省土地利用空间均衡度时空分异及驱动力研究 [J]. 山西师范大学学报 (自然科学版), 2021, 35 (3): 96-105.

[105] 张玉泽, 张俊玲, 程钰, 等. 供需驱动视角下区域空间均衡内涵界定与状态评估——以山东省为例 [J]. 软科学, 2016, 30 (12): 54-58.

[106] 解安, 侯启缘. 新发展阶段下的共同富裕探析——理论内涵、指标测度及三大逻辑关系 [J]. 河北学刊, 2022, 42 (1): 131-139.

［107］沈轩．共同富裕　大道先行［J］．政策瞭望，2022（3）：33－39．

［108］周中之．共同富裕的慈善伦理支持［J］．求索，2022（1）：50－57．

［109］韩振峰．中国共产党探索共同富裕的历程及经验启示［J］．党课参考，2022（7）：98－104．

［110］罗明忠．共同富裕：理论脉络、主要难题及现实路径［J］．求索，2022（1）：143－151．

［111］李正图，徐子健．中国特色共同富裕实践：制度保障、精神动力与科学理论［J］．经济纵横，2022（4）：1－10．

［112］张占斌，王海燕．新时代中国经济高质量发展若干问题研究［J］．北京工商大学学报（社会科学版），2022，37（3）：1－9．

［113］马玲玲．新疆农产品加工企业结构绩效与路径依赖研究［D］．乌鲁木齐：新疆农业大学，2007．

［114］王水兴．唯物史观视阈的信息文明研究［D］．南昌：江西师范大学，2018．

［115］孙先亮．树立系统教育观　为学生的终身发展奠定基础［J］．人民教育，2013（10）：20－23．

［116］刘彬斌，王光伟，雷国强．长株潭区域经济差异研究［J］．合作经济与科技，2016（4）：15－17．

［117］尹传根，侯学良．基于组合赋权法的特高压输变电工程施工质量灰色评价模型［J］．河南工程学院学报（自然科学版），2017，29（3）：53－59．

［118］李忻颖．"一带一路"背景下煤电项目国别投资风险决策研究［D］．北京：华北电力大学，2020．

［119］姜姗汝，岳书铭．基本医疗卫生服务均等化——基于熵值法对山东省7地市比较分析［J］．科技和产业，2022，22（2）：251－256．

[120] 张建伟，曾志庆，李国栋. 中国农业经济高质量发展水平测度及其空间差异分析 [J]. 世界农业，2022 (10)：98 – 110.

[121] 韩增林，李彬，张坤领. 中国城乡基本公共服务均等化及其空间格局分析 [J]. 地理研究，2015 (11)：2035 – 2048.

[122] SHANNON C E. A mathematical theory of communication [J]. The bell system technical journal, 1948, 27 (3)：379 – 423.

[123] 秦德智，邵慧敏，秦超. 我国四大地区农业产业结构分析——基于 DSSM 模型的实证研究 [J]. 技术经济与管理研究，2015 (9)：124 – 128.

[124] 陈强. 高级计量经济学及 Stata 应用 [M]. 北京：高等教育出版社，2010：518 – 520.

[125] 李研. 中国数字经济产出效率的地区差异及动态演变 [J]. 数量经济技术经济研究，2021, 38 (2)：60 – 77.

[126] 沈丽. 医院推进专科医联体建设在慢病管理和传染病管理中的作用 [J]. 中国卫生产业，2018, 15 (7)：138 – 139.

[127] 李华，董艳玲. 中国基本公共服务均等化测度及趋势演进——基于高质量发展维度的研究 [J]. 中国软科学，2020 (10)：74 – 84.

[128] 周娟美，崔粉芳. 中国数字贸易发展测度及时空演变特征研究 [J]. 金融发展研究，2022 (11)：58 – 68.

[129] DAGUM C. A new approach to the decomposition of the Gini income inequality ratio [C]. Income inequality, poverty, and economic welfare. Physica – Verlag HD, 1998：47 – 63.

[130] 何苗，任保平. 中国数字经济发展的时空分布及收敛特征研究 [J]. 中南大学学报（社会科学版），2022, 28 (5)：92 – 106.

[131] 张扬，解柠羽，韩清艳. 中国经济高质量发展水平测度与空间差异研究 [J]. 统计与决策，2022, 38 (1)：103 – 107.

[132] 李明月，周晓航，周艺霖，等. 粮食主产区农业生态效率与新型城镇化耦合协调研究 [J]. 生态经济，2022, 38 (11)：130 – 137.

［133］朱德云，刘慧．中国城乡医疗卫生基本公共服务均等化的区域差异及收敛性研究［J］．宏观经济研究，2022（10）：143－160.

［134］黎智慧，尹兴民．中国战略性新兴产业的空间非均衡及时空演进［J］．统计与决策，2022，38（3）：102－107.

［135］孟佶贤．随机占优检验及其应用研究［D］．长春：吉林大学，2019.

［136］刘帅．中国经济增长质量的地区差异与随机收敛［J］．数量经济技术经济研究，2019，36（9）：24－41.

［137］高大伟，聂海松．基于空间效应视角的国际研发资本技术溢出对碳生产率的影响研究［J］．生态经济，2019，35（6）：26－32.

［138］袁鹏，唐欣，罗娇霞，等．创新资源协同的空间关联与产业集聚［J］．统计与决策，2020，36（2）：125－128.

［139］李再艳，石培基．兰州—西宁城市群城乡建设用地开发强度空间格局变化及影响因素分析［J］．生态与农村环境学报，2020，36（4）：450－458.

［140］张荣天，尹鹏．长三角城市群土地利用效率评价及溢出效应分析［J］．安徽师范大学学报（自然科学版），2021，44（6）：560－566.

［141］周慧．中部地区城镇化对经济增长的空间溢出效应——基于地级市面板数据分析［J］．经济问题探索，2016（4）：79－87.

［142］LUCAS R E. Why doesn't capital flow from rich to poor countries? ［J］. American economic review, 1990, 80 (2): 92－96.

［143］黄燕芬，杨宜勇，蔡潇彬，等．40年小康社会建设的4次历史性飞跃［J］．宏观经济管理，2018（12）：6－11.

［144］贾章旺．毛泽东领导下的新中国医疗卫生事业［J］．文史精华，2013（4）：43－45.

［145］李洪河．新中国成立初期卫生防疫体系是怎样建立起来的［J］．党史文汇，2020（5）：41－46.

［146］商碧辉．改革开放 40 年中国区域经济发展政策效应探析［J］．中共乐山市委党校学报，2019，21（3）：35 – 42．

［147］黄群慧，平新乔，李实，等．深入学习贯彻习近平总书记"七一"重要讲话精神笔谈［J］．经济学动态，2021（8）：3 – 16．

［148］费太安．健康中国　百年求索——党领导下的我国医疗卫生事业发展历程及经验［J］．管理世界，2021，37（11）：26 – 40 + 3．

［149］尚靖凯，赵玲．新发展阶段基本公共服务均等化建设内涵及理路［J］．党政干部学刊，2021（12）：40 – 45．

［150］崔瑛．习近平关于卫生健康重要论述研究［D］．青岛：青岛大学，2021．

［151］李华，张靖会．公共产品需求弹性与市场供给的相关分析［J］．财政研究，2008（10）：36 – 39．

［152］贾洪波．基本医疗保险制度变迁与国民获得感提升［J］．社会科学辑刊，2022（3）：39 – 49 + 2．

［153］王延中，龙玉其．中国医疗保障制度改革的回顾、挑战与展望［J］．北华大学学报（社会科学版），2022，23（1）：77 – 85 + 2 + 153．

［154］王宇昕，余兴厚，汪亚美．转移支付对地方政府基本公共服务供给的激励机制研究［J］．改革与战略，2021，37（12）：98 – 108．

［155］王现兵，陈庆文，韦文求，等．珠三角城市群创业投资空间集聚及影响因素研究——基于粤港澳大湾区建设［J］．科技管理研究，2021，41（3）：62 – 68．

［156］袁建辉．政府公共服务中的伦理关系研究［D］．长沙：中南大学，2010．

［157］靳媛．分配正义的当代论域［J］．理论界，2007（8）：174 – 175 + 204．

［158］姚迈新．公共治理的理论基础：政府、市场与社会的三边

互动 [J]. 陕西行政学院学报, 2010, 24 (1): 21-25.

[159] 周健. 制度与角色的互动: 当代中国政府过程研究的一个视角 [D]. 上海: 华东师范大学, 2011.

[160] 刘太刚. 公共管理学基础理论与公共管理学内外部学科关系探讨——基于需求溢出理论的分析 [J]. 江苏行政学院学报, 2012 (4): 99-106.

[161] 何艳玲. 中国公共行政学的中国性与公共性 [J]. 公共行政评论, 2013 (4): 11.

[162] 李鹏. 新时代中国政府信用建设路径研究 [D]. 长春: 东北师范大学, 2020.

[163] 陆斌. 实现社会公正, 构建责任政府——读《公共行政的精神》一书 [J]. 新学术, 2007 (1): 35-37+101.

[164] 杨秋菊. 政府公共性的多维度分析 [J]. 江南社会学院学报, 2005 (4): 47-53.

[165] 宋锋. 公共行政的公共性和民本性评析——读《公共行政精神》有感 [J]. 消费导刊, 2010 (1): 91-92.

[166] 曾正滋. 解读公共治理: 双重维度分析 [J]. 上海行政学院学报, 2006 (4): 13-22.

[167] 郭健彪. 探寻公共治理的价值预设——兼论公共治理的中国意义 [J]. 福州大学学报 (哲学社会科学版), 2007 (5): 29-34.

[168] 苏春艳. 弗雷德里克森的"公共行政精神"论析 [J]. 上海行政学院学报, 2017, 18 (2): 30-37.

[169] 肖文涛, 唐国清. 基本公共服务均等化: 共享改革发展成果的关键 [J]. 科学社会主义, 2008 (5): 105-108.

[170] 和立道. 医疗卫生基本公共服务的城乡差距及均等化路径 [J]. 财经科学, 2011 (12): 114-120.

[171] 王中汝. 坚持正确的改革方向 [J]. 科学社会主义, 2006 (3): 13-15.

[172] 乔晓楠，何自力，王奕．防止资本无序扩张的政治经济学分析 [J]．南开经济研究，2022（5）：17－37．

[173] 蒋永穆．为什么说社会主义市场经济是一个伟大创造 [J]．中国党政干部论坛，2022（1）：41－44．

[174] 刘臻．完善基本公共服务均等化的地方财政政策探讨 [J]．商业文化（上半月），2011（3）：332．

[175] 孙德超，徐文才．医疗卫生服务不均等的现实考察及均等化途径 [J]．经济问题，2012（10）：42－45．

[176] 王嵩．公平视角下的城乡公共服务均等化研究 [J]．经营管理者，2014（33）：79－83．

[177] 黄蓝．基本公共服务均等化与电子政务建设研究——以梧州市万秀区为例 [D]．武汉：武汉大学，2014．

[178] 王克群．着力推进基本公共服务均等化——学习党的十七届五中全会精神 [J]．中共成都市委党校学报，2010（6）：21－24．